Beleza

Dados Internacionais de Catalogação na Publicação (CIP)
(Câmara Brasileira do Livro, SP, Brasil)

Grün, Anselm
Beleza : uma nova espiritualidade da alegria de viver / Anselm Grün ; tradução de Nélio Schneider. – Petrópolis, RJ : Vozes, 2016.

Título original: Schönheit : Eine neue Spiritualität der Lebensfreude
Bibliografia
ISBN 978-85-326-5290-4

1. Beleza – Aspectos religiosos – Cristianismo 2. Espiritualidade
3. Misticismo – Cristianismo 4. Vida cristã I. Título.

16-04485 CDD-248.4

Índices para catálogo sistemático:
1. Espiritualidade : Cristianismo   248.4

Beleza

*Uma nova espiritualidade
da alegria de viver*

Anselm Grün

Tradução de Nélio Schneider

EDITORA
VOZES

Petrópolis

© 2014, by Vier-Türme GmbH-Verlag. Münsterschwarzach

Título do original em alemão: *Schönheit – Eine neue Spiritualität der Lebensfreude*

Direitos de publicação em língua portuguesa:
2016, Editora Vozes Ltda.
Rua Frei Luís, 100
25689-900 Petrópolis, RJ
www.vozes.com.br
Brasil

Todos os direitos reservados. Nenhuma parte desta obra poderá ser reproduzida ou transmitida por qualquer forma e/ou quaisquer meios (eletrônico ou mecânico, incluindo fotocópia e gravação) ou arquivada em qualquer sistema ou banco de dados sem permissão escrita da editora.

CONSELHO EDITORIAL

Diretor
Gilberto Gonçalves Garcia

Editores
Aline dos Santos Carneiro
Edrian Josué Pasini
José Maria da Silva
Marilac Loraine Oleniki

Conselheiros
Francisco Morás
Leonardo A.R.T. dos Santos
Ludovico Garmus
Teobaldo Heidemann
Volney J. Berkenbrock

Secretário executivo
João Batista Kreuch

Editoração: Gleisse Dias dos Reis Chies
Diagramação: Sandra Bretz
Revisão gráfica: Nilton Braz da Rocha / Nivaldo S. Menezes
Capa: Ygor Moretti
Ilustração de capa: BoxerX | Shutterstock

ISBN 978-85-326-5290-4

Editado conforme o novo acordo ortográfico.

Este livro foi composto e impresso pela Editora Vozes Ltda.

Sumário

Introdução, 7
1 O belo em Dostoiévski, 15
2 Entre ser e sentir: Platão ou Kant?, 27
3 A beleza de Jesus Cristo no Evangelho de Lucas, 41
4 A beleza paradoxal da cruz no Evangelho de João, 49
5 A beleza da criação, 61
6 A beleza da linguagem, 71
    A bela linguagem de Friedrich Hölderlin, 72
    A sensibilidade linguística de Peter Handke, 75
    Linguagem literária e linguagem da pregação, 77
7 A beleza da música, 79
8 A beleza das artes visuais, 87
    A beleza na arquitetura, 88
    A força transformadora das belas imagens, 91
    Estilos da beleza, 96
9 A beleza da liturgia, 101
10 A beleza do corpo, 111
11 A vida é bela, 119
12 A caminho de uma espiritualidade da beleza, 125
    Estética e espiritualidade em Dorothee Sölle, 127
    Beleza como o sorriso terno de Jesus – Simone Weil, 131
    Beleza como espiritualidade moralizante – Carlo Maria Martini, 139

A beleza no íntimo do ser humano – Evágrio Pôntico, 144
Beleza como a pátria do coração – John O'Donohue, 146
13 Sete atitudes de uma espiritualidade da beleza, 155
   1ª atitude e prática: contemplar, 155
   2ª atitude e prática: desfrutar, 157
   3ª atitude e prática: receber com gratidão, 159
   4ª atitude e prática: deixar-se curar pela beleza, 161
   5ª atitude e prática: descobrir a minha própria beleza, 163
   6ª atitude e prática: contemplação e unificação com o belo, 165
   7ª atitude e prática: embelezar o mundo e a vida, 167

Pensamentos finais, 169
Fontes e dicas de leitura, 171

Introdução

Dois aspectos marcaram a minha espiritualidade até este momento: o primeiro aspecto é que o encontro com Deus sempre pressupõe também o encontro consigo mesmo. Muitas vezes escrevi – seguindo o exemplo dos antigos monges – sobre como podemos observar nossos sentimentos e pensamentos, nossas paixões e emoções e apresentá-los a Deus em oração para que sejam transformados.

O outro aspecto é a dimensão terapêutica da espiritualidade. Jesus enviou seus discípulos para curar enfermos e expulsar demônios. Foi nessa linha que meditei sobre e descrevi a força curativa dos textos bíblicos, dos rituais eclesiais e dos exercícios espirituais. Para mim era importante que, nos meus livros, transparecesse alguma coisa dessa força curativa de Jesus.

Ainda não havia escrito nada sobre o tema "beleza". Talvez o fato de eu me ocupar com esse tema agora cause admiração em leitoras e leitores. Em primeiro lugar, comecei a tratar desse tema mais por casualidade. Na verdade, eu deveria fazer uma pregação de quaresma sobre o tema "a beleza e o charme da fé". Durante a preparação para essa pregação foi que me dei conta de como esse tema me faz bem e do quanto ele enriquece a minha espiritualidade. Pois refletir sobre a beleza e admirar coisas belas combina bem com a espiritualidade contemplativa e mística. Contemplo o que existe. Deixo-me tocar pela beleza que vem ao meu encontro na natureza, na arte e no ser humano. Acolho o belo que já está aí para mim. E, ao ver o que há de belo, intuo a beleza primordial de Deus, sobre a qual escrevem os místicos.

Trata-se, portanto, de uma espiritualidade centrada na graça, e não no que eu mesmo faço. Percebo a beleza e sinto que ela me faz bem, que ela tem um efeito curativo sobre mim. Ocupar-me com o belo corresponde, portanto, também à espiritualidade terapêutica. O belo que admiro e que se apodera de mim põe-me em contato com a minha própria beleza, com a beleza que se encontra no fundo de minha alma.

Mas a beleza confere ainda outro traço à minha espiritualidade, fazendo dela uma espiritualidade acolhedora e otimista. Ela não recende a trabalho, como faz, por exemplo, a espiritualidade ascética. Ela permite que o belo a surpreenda. No entanto, também essa espiritualidade requer nossa ação. Pois para perceber a beleza temos de prestar atenção. E ela requer nossa reverência. Sem reverência, a beleza se oculta dos nossos olhares. A espiritualidade da beleza não substitui as demais formas de espiritualidade, mas as complementa e lhes proporciona um sabor de alegria e amor. Pois, como diz Tomás de Aquino:

> *Pulchra sunt quae visa placent.*
> **Belas são as coisas que, ao serem vistas, agradam.**

O que é belo agrada, alegra. E provoca amor. Mas ele não constitui um apelo moral a amar-nos uns aos outros. Ele desperta em nós, muito antes, o amor livre de intenções, não direcionado para algum "objeto". Na beleza – é o que lemos em Simone Weil –, deparamo-nos com o sorriso terno de Jesus.

Mas nós não só ficamos deslumbrados e maravilhados com o belo que vem ao nosso encontro de fora e no qual, em última análise, a beleza primordial de Deus sorri para nós. Também somos capazes de fazer coisas belas. Podemos pôr a mesa de modo que fique bela, deixar belo o recinto para nossas conversas, vestir-nos de forma bela e produzir coisas belas na manufatura ou na arte. Podemos tornar a vida mais bela. Não só nos deparamos com a beleza da criação. Nós mesmos somos criadores do belo. Podemos tornar este mundo belo, gravar nele um sinal de beleza. E, desse modo, podemos dar uma contribuição essencial para a humanização do mundo e também para a prevenção da saúde humana. Pois a beleza põe o ser humano em contato com a dimensão curativa e bela de sua alma. O belo é salutar para nossa alma.

Ao ocupar-me com o belo, senti-me tocado especialmente por uma frase de Dostoiévski:

A beleza salvará o mundo.

Deparei-me com essa frase em um livro sobre Dostoiévski da escritora lituana Zenta Maurina, publicado antes da Segunda Guerra Mundial. Um capítulo inteiro desse livro é dedicado por ela ao tema "beleza em Dostoiévski". Essa frase me acompanhou na leitura de muitos livros e também em minha própria busca pelo sentido e pela importância espiritual da beleza. Reiteradamente me perguntei que efeito tem o belo sobre mim, o que ele faz à minha alma e ao meu corpo. E constatei que a beleza é semelhante a um refúgio para a alma, onde ela pode descansar em meio às turbulências desta vida.

Minha intenção, ao escrever sobre a beleza, não é refugiar-me no esteticismo. Quero contemplar o belo em meio à realidade deste mundo. Para mim, voltar a atenção à beleza é recuperar a dimensão consoladora de nossa existência terrena exposta a ameaças e perigos de todo gênero. Exatamente quando me devoto por inteiro ao trabalho neste mundo, preciso da beleza como refúgio da alma e como consolo em meio a todo o desconsolo com que, por vezes, me deparo nas conversas com as pessoas.

Ao escrever este livro, sempre me mantive receptivo para tudo que de belo encontrei em meu caminho, mas também para aquilo que outros autores escreveram sobre a beleza. Ao fazer isso, constatei que eu próprio havia negligenciado esse tema até agora. A espiritualidade cristã tampouco coloca esse tema no centro. Alguns teólogos escreveram sobre ele, como, por exemplo, Hans Urs von Balthasar na sua grande obra intitulada *Herrlichkeit* (Glória). Mas sua linguagem não é capaz de entusiasmar pela beleza as muitas pessoas que estão em busca de algo. É uma linguagem teológica que, no fundo, só é entendida por teólogos formados. Karl Rahner, sobre o qual escrevi minha tese de doutorado e o qual aprecio muito como teólogo, nada escreveu sobre a beleza. Esse tema se encontrava além do seu horizonte, assim como por muito tempo também esteve fora do meu próprio pensamento. Alguns teólogos evangélicos escreveram sobre a beleza: Rudolf Bohren, Karl Barth e Matthias Zeindler. Porém, nos seus escritos, sinto falta do olhar otimista com que os filósofos da Antiguidade e os teólogos da Idade Média olhavam para o belo. Os teólogos evangélicos estão muito fixados na culpa que falsifica nossa relação com o que é belo.

Ao trabalhar um tema, sempre fico atento quando ele surge em algum diálogo ou quando leio algo a respeito em jornais ou revistas. Quando era perguntado sobre o que estava escrevendo e ao responder que era sobre a beleza, sempre provoquei conversas bastante animadas. Senti que se trata de um tema que mexe com muita gente, e o faz em diversos níveis. Para as pessoas que de resto costumam ter problemas com a Igreja ou com a fé cristã, o belo é o lugar em que experimentam Deus ou, ao menos, estão receptivas para a marca que Deus imprimiu no mundo. Assim, a beleza é hoje, em nosso mundo secularizado, o lugar no qual podemos conversar sobre fé e descrença. Para muitos, ela pode ser um acesso mundano à espiritualidade. Outros já se ocuparam com o tema em termos teológicos e filosóficos. Fiquei impressionado com a quantidade de pessoas que já refletiram sobre o assunto. Outras são motivadas pelo tema "beleza" quando se trata da aparência pessoal. E elas me contaram as experiências que fizeram, em seu círculo de conhecidos, em sua busca pela beleza, como o anseio pela beleza frequentemente levou a comportamentos patológicos.

Em minha pesquisa, encontrei no boletim da *Barmer Ersatzkasse* (Caixa Previdenciária de Barmen) um artigo sobre o tema "O que é belo?" Ele trata do anseio das pessoas por serem belas e dos diferentes ideais de beleza. O problema é que ele gira, antes de tudo, em torno do tema que interessa à Caixa Previdenciária: as numerosas cirurgias estéticas atualmente requisitadas por muitas pessoas em seu anseio por beleza.

Muitas pessoas hoje pensam que a beleza pode ser feita. Homens e mulheres querem corresponder a um ideal de beleza bem determinado. Médicos e psicólogos constatam que, hoje, um número cada vez maior de pessoas está descontente com o seu corpo. A razão disso é que os meios de comunicação e, naturalmente, também as fábricas de cosméticos e a cirurgia estética, concebem o ideal de beleza em termos tão estreitos, que é muito difícil alguém se enquadrar nele ao natural de modo visualmente ótimo e perfeito.

(BEK, 3/2012, p. 28.)

Muitas pessoas acham que a aparência decide se alguém será bem-sucedido na profissão e na busca do parceiro, se terá o reconhecimento da sociedade. Em consequência, muitos homens e muitas mulheres tratam agressivamente seu corpo, sem ponderar os riscos de uma cirurgia estética. E muitos ficam insatisfeitos após a cirurgia, porque o resultado acabou não sendo aquele que esperavam.

Isso vale sobretudo para intervenções cirúrgicas faciais. O rosto frequentemente adquire a rigidez de uma máscara em decorrência de uma cirurgia. E um rosto rígido não é percebido como atraente pelo ambiente social. O rosto belo vive, mostra emoções, reações e humores. Por isso, as cirurgias estéticas frequentemente resultam no oposto do que era esperado. Elas não produzem um grau maior de aceitação, mas causam rejeição. O resultado é uma situação quase trágica.

O artigo no boletim de saúde da Caixa de Previdência mostra como é intenso o anseio por beleza. Mas ao mesmo tempo fica evidente que a beleza é demasiadamente associada com a aparência, havendo critérios claros de como deve ser um corpo belo. Beleza, contudo, é muito mais do que aparência. Um corpo é belo quando por meio dele se expressa uma alma bela. E, em última análise, o ser humano é belo quando se olha com amor. Pois a palavra alemã para bela(o), *schön*, está estreitamente relacionada com a palavra alemã para olhar, *schauen*. Beleza sempre tem a ver com amor. Só é belo quem se olha com amor. Quem odeia a si mesmo é odioso/feio*.

Isso vale também para a relação com outros: quem odeia outros torna-os odiosos/feios e, ao fazer isso, ele próprio se torna odioso/feio. E quem olha com amor para outros descobre sua beleza. A beleza está no outro, mas ela também precisa que estejamos dispostos a percebê-la. E a condição mais própria para perceber a beleza no outro é o amor, o olhar amoroso para ele.

Neste livro, queridas leitoras, queridos leitores, eu gostaria de convidá-las e convidá-los para acompanhar-me na minha viagem de descobrimento. E desejo-lhes que consigam perceber com uma consciência ainda maior a beleza que sempre perceberam e com a qual sempre se depararam. Desejo-lhes que ocupar-se com o belo se torne um caminho espiritual. Pois no que é belo encontramos, em última análise, a beleza de Deus. No belo, somos interpelados pelo Deus que, após concluir sua criação, disse:

> Tudo era muito belo.
>
> (Gn 1,31)

Frequentemente essa palavra é traduzida assim: "Tudo era muito bom". Mas a palavra hebraica *tob* também pode significar "bela(o)". E os gregos a traduziram por *kalós* (belo). Assim, desejo-lhes que, por meio do belo, deixem-se tocar por Deus mesmo. Quando somos tocados pela beleza, sempre somos tocados por um Deus que é amor. Mas a beleza também pode assustar. Ela nos mostra um

---

* Entendemos melhor a relação que o autor estabelece entre "odiar" e "ser feio" quando se sabe que o termo alemão para feio, *hässlich*, origina-se do substantivo *Hass* (ódio) e/ou do verbo *hassen* (odiar) [N.T.].

Deus que nos abala, que por meio do belo nos toca até a medula e nos torna receptivos para algo que é maior do que nós, que nos faz ir além de nós mesmos. Assim, a beleza é um lugar em que se experimenta Deus, mas, ao mesmo tempo, um lugar de encorajamento para viver, um lugar de consolo e cura de nossas mágoas.

1
O belo em Dostoiévski

Ao ocupar-me com o tema da beleza fui tocado antes de tudo pela seguinte frase do escritor russo Dostoiévski: "A beleza salvará o mundo". Por isso, neste primeiro capítulo, gostaria de tratar conscientemente de Dostoiévski e de sua visão da beleza. A respeito de Dostoiévski conta-se que ele viajava uma vez por ano até Dresden para ficar por algum tempo diante da imagem da Madona sistina. Perguntado por que fazia isso, o escritor respondeu:

> Pelo menos uma vez por ano preciso levantar meus olhos para alguém para não desesperar em relação a mim mesmo e a outras pessoas.

Era salutar para o escritor contemplar a Madona que Rafael pintou como bela mulher. Ele sentia uma necessidade premente de deixar-se impregnar pela beleza de Maria. Pois ocupar-se com a bela mulher possibilitava-lhe aceitar a si mesmo e não desesperar em relação à sua própria fragilidade. E a beleza de Maria lhe inspirava confiança também nos demais seres humanos.

Dostoiévski encontrou em sua vida muitas pessoas más e destrutivas, e as descreveu nos seus romances também em sua abismalidade e em seu desespero. Acolher o belo em si transforma seu olhar para essas pessoas "más". Tornava-o capaz de ver, também nelas, a beleza que existia no fundo da sua alma. A beleza que via dava-lhe esperança de que também essas pessoas se deixassem tocar pelo belo e assim conseguissem vencer o mal dentro delas.

O tema da beleza aparece em Dostoiévski sobretudo em seu romance *O idiota*. Heinrich Böll considera este o melhor romance sobre Cristo que ele conhece. O príncipe enfermo Míchkin reflete algo da pureza e beleza de Cristo entre os seres humanos. O aspecto trágico é que essa luz interior resplandece em nosso tempo – assim pensa Dostoiévski – justamente na figura de um ser humano enfermo. Nesse romance, o escritor russo narra um diálogo entre o ateísta Hipólito e o Príncipe Míchkin. Hipólito diz para o príncipe:

> "Príncipe, o senhor realmente afirmou certa vez que o mundo seria salvo pela beleza? Entretanto, penso que ele só tem esses pensamentos levianos porque está apaixonado. Meus senhores", dirigiu-se ele em voz alta a todos, "o príncipe está apaixonado. Vi isso já por ocasião de sua chegada. Não fique corado, príncipe, eu ficaria penalizado. Que beleza salvará o mundo? [...] O senhor é algum cristão fervoroso?"
>
> (*Der Idiot*, vol. II, p. 70.)

O príncipe não responde a essa pergunta. O jesuíta e cardeal italiano Carlo Maria Martini, que cita essa passagem em seu livro *Que beleza salvará o mundo?* e medita sobre ela, interpreta esse silêncio assim:

> Quase tem-se a impressão de que seu silêncio quer dizer: a beleza que salva o mundo é o amor que compartilha a dor.
>
> (MARTINI, p. 10.)

Apesar do escárnio que havia nas palavras de Hipólito, ele tocou em um tema importante: primeiro, a ação salvadora, curativa e redentora da beleza e, em seguida, duas condições para crer na ação curativa da beleza, a saber, no amor e no ser cristão. Somente quem ama descobre o belo na face humana e na natureza. E para isso se requer exatamente a espiritualidade cristã que acredita na encarnação de Deus.

O belo é encarnação de Deus. Por meio dele, Deus se torna visível na matéria, no mundo. A encarnação de Deus em Jesus Cristo é, por assim dizer, o ponto alto da encarnação. No ser humano Jesus – é o que nos diz o Evangelho de João –, contemplamos a glória, a beleza de Deus. É nele que essa beleza se torna visível. Mas não só nele; a partir de Cristo, a luz da beleza também incide sobre todo o belo que conseguimos ver no ser humano e na natureza.

Não consegui mais me soltar desta frase: "A beleza redimirá o mundo. A beleza salvará o mundo". Reli Dostoiévski e li livros sobre ele, sobretudo os de Romano Guardini e de Zenta Maurina. Meditei sobre a beleza que supostamente salvará o mundo. Para Dostoiévski, beleza é o contrário de utilidade. O belo simplesmente está aí. Quando se submete tudo à utilidade, o ser humano é despojado de sua dignidade. Sem beleza – diz Dostoiévski –, o ser humano se afunda na melancolia. Para ele, o sentido do ato redentor de Jesus está em transplantar a beleza para as almas dos seres humanos:

> Visto que trazia dentro de si e na sua palavra o ideal da beleza, Cristo decidiu transplantá-lo para as almas dos seres humanos, convicto de que estes, tendo na alma esse ideal, se irmanariam.
>
> (MAURINA, p. 281.)

É interessante que, nesse contexto, não se fala de nenhuma exigência moral de amar as pessoas mais próximas. Ao deixar que Jesus transplante para o nosso coração o senso para o belo, todos nos tornamos irmãos e irmãs. Desse modo, nossa convivência se transformará. O belo desperta em nós o amor aos irmãos e às irmãs.

Às vezes, nos cursos que ministro, proponho o exercício de posicionar duas pessoas uma de frente para a outra. Uma delas fecha os olhos. A outra olha para ela com os olhos da fé, que não avaliam, não se apossam, não julgam, mas veem o que há de belo na outra pessoa. Esse exercício realmente irmana essas duas pessoas, que se olham alternadamente sob o aspecto da beleza. Quando olho para o belo na outra pessoa, esta se torna mais íntima.

Em suas exposições sobre o belo, Dostoiévski cita a seguinte palavra de Jesus: "Não só de pão viverá o ser humano". E conclui a partir disso:

> Quando se dá a eles só o pão, o tédio os transforma nos piores inimigos.
>
> (MAURINA, p. 281.)

O que realmente nutre os seres humanos e os torna humanos é o belo. Mas para o escritor russo o belo nunca é apenas um conceito estético. Muito antes, a beleza sempre inclui o bem. Ela tem uma dimensão ética e religiosa.

Quando, no entorno de Dostoiévski, uma parteira cometeu suicídio, ele identifica como causa disso, em carta de 10 de junho de 1876, o fato de lhe terem pregado a pura utilidade. Dostoiévski acredita que

> essa mulher teria ansiado pela beleza no mundo e por pessoas, e estaria sedenta por realizar um ato de generosidade.
>
> (MAURINA, p. 281.)

Mas ela teria sido demovida desse modo de ver as coisas. Se não existe a generosidade, tampouco faz sentido viver. Por isso, Dostoiévski escreve:

> O suicídio dessa parteira é uma prova da origem espiritual do ser humano. Não é possível viver só de pão, sem beleza não se consegue existir.
>
> (MAURINA, p. 282.)

Dostoiévski não quer nos conduzir para um mundo perfeito do belo. Ele estava ciente da tensão que há entre nosso anseio por beleza e a dilaceração da nossa vida, que frequentemente nem podemos chamar de bela. Ele estava tão ciente disso que faz o príncipe enfermo Míchkin proclamar essa mensagem. A beleza de sua alma e do seu corpo está oculta atrás de uma enfermidade.

Belos não são, para Dostoiévski,

> os rostos calmos e harmoniosos, mas aqueles em que Deus e o diabo pugnam e as margens opostas se tocam. Belas são as pessoas que se consomem no anseio pelo bem, mesmo que tenham incorrido em pecado. Quanto mais intenso for esse anseio, tanto mais bela será a face humana.
>
> (MAURINA, p. 283.)

Isso fica evidente no rosto de Nastássia Filipovna, que tanto fascina o príncipe. Ele vê a beleza nesse rosto. E ao mesmo tempo ele reconhece que ela deve ter passado por sofrimentos incríveis. Ele reconhece ali um rosto altivo. E o príncipe se pergunta:

> Só não sei se ela também é boa. Ah, se ela fosse! Então tudo estaria salvo!
>
> (*Der Idiot*, vol. II, p. 66.)

Em seguida, Dostoiévski escreve sobre esse rosto:

> Sua beleza ofuscante era insuportável, essa beleza do rosto pálido com as faces quase encovadas e os olhos ardentes. Era uma beleza singular. O príncipe não conseguia desvencilhar o olhar dessa imagem. De repente, contudo, ele se sofreou, olhou em volta, rapidamente levou a imagem à boca e a beijou.
>
> (*Der Idiot*, vol. II, p. 155s.)

O príncipe beija essa imagem por compadecer-se da dilaceração e da infelicidade da mulher. A beleza revela-lhe, ao mesmo tempo, a vulnerabilidade dessa mulher. A respeito da beleza de Aglaia Ivanovna, outra mulher importante nesse romance, o príncipe diz:

> A senhora é de uma beleza extraordinária. [...] A senhora é tão bela que fico com medo de olhá-la.

E, mais tarde:

> É difícil avaliar uma beleza. Não me preparei para isso. A beleza é um enigma.
>
> (*Der Idiot*, vol. II, p. 150.)

Guardini interpreta essas frases da seguinte maneira:

> A beleza é o modo como o ser adquire feições para o coração e se torna loquaz. Nela, o ser se torna potência amorosa e, ao tocar coração e sangue, toca o espírito. É por isso que a beleza tem tanta força. Entronizada, ela reina com naturalidade e de modo inquietante. Porém, quando chegou o pecado, ela obteve o poder da sedução. Ela parece sobrepor-se como se estivesse brincando, porque a imagem do ser belo toca e inflama diretamente o íntimo.
>
> (GUARDINI. *Religiöse Gestalten*, p. 280.)

Por isso, a beleza sempre é ambivalente. Ela abala o ser humano, atraindo-o para a sua órbita. Às vezes é a beleza que reflete o bem. Existe, no entanto, também a beleza sedutora, uma beleza que se apodera de nós, que não nos conduz para o bem, mas para a ruína. A beleza continuará sendo um enigma. E somente tendo em vista esse caráter enigmático se pode pronunciar a frase: "A beleza salvará o mundo". Só a beleza que reflete o bem, que é pura e clara, poderá nos salvar. Mas também na beleza do altivo e do interiormente dilacerado refulge uma centelha de esperança de que esse ser humano possui um cerne bom, de que ele poderá ser salvo.

Exatamente essa tensão entre dilaceração e beleza, com que me deparo em Dostoiévski, motivou-me a escrever algo sobre a ação salvadora e curativa da beleza em um mundo que com frequência não é belo. Senti que ali estava sendo dito algo essencial sobre a nossa espiritualidade cristã, algo sobre o que eu próprio pouco havia refletido e muito pouco leio em livros. Trata-se de uma espiritualidade curativa e salutar, livre de tendências moralizantes. Ela não está fixada no mal nem no pecado, mas no fato fundamental de uma criação bela.

Perceber a beleza da criação com que nos deparamos na natureza, deter-se simplesmente diante de uma bela flor – como seguidamente fez Fridolin Stier, especialista católico no Antigo Testamento –, constitui um aspecto essencial da espiritualidade cristã. A beleza nos faz bem. A beleza de Deus resplandece diariamente diante de nós na criação. Em consequência, a beleza da criação é um importante remédio para a alma humana. A Carta aos Colossenses nos diz que, na criação, deparamo-nos com a beleza de Jesus Cristo. Ele é

> a imagem do Deus invisível, o primogênito de toda a criatura.
>
> (Cl 1,15)

Reencontro no Evangelho de João a tensão entre o belo e o terrível e o refulgir da beleza exatamente em um homem enfermo, uma tensão que Dostoiévski descreveu de modo tão marcante em seu romance *O idiota*. O Evangelho de João fala que a glória e o resplendor de Deus brilharam para nós em Jesus Cristo. Em Jesus, contemplamos a verdadeira beleza que está oculta em Deus. Mas quando falamos da beleza de Jesus, devemos sempre estar conscientes da tensão com que a tradição cristã viu Jesus. A tradição litúrgica da Igreja interpretou estas duas sentenças do Antigo Testamento visando a Jesus:

> És o mais belo dos filhos dos homens, a graça escorre dos teus lábios.
>
> (Sl 45,3)

> Ele não tinha beleza nem bela aparência que pudesse atrair o nosso olhar.
>
> (Is 53,2)

Dostoiévski entende essa tensão de tal modo que a beleza resplandece no príncipe enfermo que, para ele, é uma imagem de Jesus. Não é, portanto, uma beleza perfeita que não sabe o que é debilidade nem doença, mas uma beleza que resplandece justamente na baixeza e fragilidade da nossa existência humana.

Os evangelhos mesmos nunca citam essa segunda passagem extraída de Is 53. Mateus chega a citar outra passagem de Is 53, ao falar da cura de muitos enfermos por Jesus:

> A fim de se cumprir o que foi dito pelo Profeta Isaías: "Ele levou nossas enfermidades e carregou nossas doenças".
>
> (Mt 8,17)

Em outras partes do Novo Testamento, Is 53 é citado com frequência, mas nunca o texto de Is 53,2. Evidentemente os evangelistas sempre viram Jesus, apesar de sua morte cruel na cruz, como o homem belo.

A Igreja antiga seguiu seus passos nesse aspecto. Clemente de Alexandria fala assim:

> Nosso Redentor é belo para que seja amado por aqueles que desejam a beleza verdadeira, pois Ele foi a "luz verdadeira".
>
> (GESTRICH, p. 129.)

A beleza de Jesus torna-o atraente para os seres humanos. Clemente escreveu, na sua época, para os gregos cultos que tinham um senso apurado para a beleza. Ao fazer isso, ele indica como nós hoje também podemos traçar, para as pessoas que buscam, uma imagem de Cristo que corresponda ao seu anseio por beleza, mas não exclua a paixão nem a cruz de Jesus.

No Evangelho de João fica bem claro o paradoxo de que a beleza de Deus aparece justamente na transitoriedade e debilidade da carne. Para João, a glorificação de Jesus acontece justamente na cruz, em um lugar que os contemporâneos de Jesus associam com ignomínia e crueldade. O propósito dessa tensão é impedir que nos refugiemos em um mundo da estética, é levar-nos a investigar o mistério da beleza em meio a nossa existência frágil e em meio a um mundo marcado pelo sofrimento. O que é realmente belo? E qual é o elo que mantém unidas as duas sentenças proferidas a respeito de Jesus e que valem também para nós?

Meditar sobre a beleza não constitui uma fuga piedosa do mundo, mas um caminho para obter, em meio a nosso engajamento pelo mundo, um refúgio no qual podemos repousar, no qual entramos em contato com nossa alma e sua beleza interior, para que, em seguida, possamos voltar a dedicar-nos plenamente ao nosso trabalho. Como a beleza sempre fascina, o senso para a beleza sempre é, para mim, também um caminho para Deus que – como dizem os filósofos da religião – é o *fascinosum* propriamente dito. Por meio da beleza o próprio Deus quer nos tocar e atrair.

Porém, Deus não é só o *fascinosum*, mas também o *tremendum* que nos assusta e penetra em nós até a medula dos ossos. Algo muito parecido acontece na experiência do belo. A beleza nem sempre é apenas aquilo que nos agrada, que achamos agradável. Ela pode também nos assustar e abalar. Não foi só Dostoiévski que viu isso dessa maneira, mas também outros escritores. Citarei apenas dois. Rainer Maria Rilke escreve na primeira *Elegia duinense*:

> Pois o belo não é senão o início do terrível, que já a custo suportamos, e o admiramos tanto porque ele tranquilamente desdenha destruir-nos *.

A beleza nos arranca de nossa experiência cotidiana. Só conseguimos ver o belo de relance. Ele possui algo da qualidade perturbadora de Deus. Só somos capazes de suportar um breve contato com ele. Não temos como vislumbrar a beleza absoluta; só o que vemos são os vestígios do belo no mundo. Algo que realmente fascina nossa alma também nos assusta, porque nos arranca da nossa superficialidade cotidiana e nos abala através de uma experiência que toca o fundo da nossa alma.

Peter Handke também fala da "beleza perturbadora" (HANDKE. *Saint-Victoire*, p. 82). O verdadeiramente belo nos perturba, nos assusta. Não conseguimos encará-lo comodamente sentados na poltrona. O verdadeiramente belo põe nossa alma em movimento. Ele arrebenta as couraças com que nos revestimos para olhar tudo apenas como espectadores. Não há como olhar a beleza como simples espectador. Ela nos atrai para dentro de si. Ela nos abre interiormente e nos torna receptivos para algo mais profundo em nós, para aquilo que perfaz nossa verdadeira essência.

Esse ponto de vista já se encontra em outra passagem de Dostoiévski, a saber, no seu romance *Os Irmãos Karamasov*. Ele põe as seguintes palavras na boca de Mitia Karamasov:

---

* Trad. de Paulo Plínio Abreu. In: *As Elegias de Duíno* [Disponível em http://www.culturapara.art.br/opoema/rainermariarilke/ elegiaduino.htm] [N.T.].

> A beleza é uma coisa temível e assustadora! Temível por ser indefinível; e não se pode defini-la porque Deus só nos propôs enigmas.
>
> (MAURINA, p. 282.)

Investigarei a seguir o anseio pelo que salva e cura, mas também o anseio pela perturbação advinda da beleza. Pretendo apontar, na filosofia, na Bíblia e na tradição espiritual, aspectos dessa beleza curativa e perturbadora. Não tenho a ambição de desenvolver uma teologia da estética ou até esboçar – como fez Hans Urs von Balthasar de modo excepcional – uma dogmática teológica própria sob o aspecto da beleza. Eu gostaria apenas de chamar a atenção para aspectos de nossa fé cristã e da nossa experiência de fé que são negligenciados na literatura espiritual.

2
Entre ser e sentir: Platão ou Kant?

A filosofia antiga – cujo exemplo foi seguido pela teologia católica de um Tomás de Aquino – viu o belo como um aspecto do ser. Tudo o que existe é bom, verdadeiro e belo. Na teologia foram descritos sobretudo os aspectos do verdadeiro e do bom. A teologia quis penetrar cada vez mais na verdade do ser humano e na verdade de Deus. É a tarefa da dogmática. Mas a dogmática não pode querer apossar-se da verdade. Só o que ela pode fazer é manter o mistério em aberto e comunicar uma sensibilidade para o fato de que verdadeiras não são as nossas sentenças e que só Deus é a verdade.

A teologia também se preocupou com o que é bom. Isso é tarefa, antes de tudo, da teologia moral. O bom sempre é também o "devido". Ele mostra como devemos ser e como devemos agir.

O belo frequentemente foi negligenciado pela teologia. A noção de que tudo o que existe é verdadeiro, bom e belo não tem para mim um significado meramente teórico. Muito antes, ela quer comunicar a mim uma sensibilidade para a essência do ser, para que eu perceba de modo adequado o que existe. E só percebo as coisas como Deus quer que eu as perceba, se as experimentar como belas. Nesse caso, o belo não é algo puramente estético, mas uma qualidade do ser. Só quando percebo o belo faço jus ao ser. Só então percebo o mundo como ele foi criado por Deus. Negligenciar o belo sempre significa, então, também não fazer jus ao ser, não fazer jus à criação de Deus. A noção de que o belo existe liberta-nos da pressão por resultados, de achar que temos de produzir o belo. Pelo contrário, nós o encontramos já feito. Só o que precisamos é de uma postura aberta, da contemplação como disposição de ver as coisas como elas são, de olhar por trás das coisas.

Evágrio Pôntico chama esse modo de ver as coisas de *theoria fysiké*, a contemplação da natureza, que reconhece na natureza a beleza de Deus. Para Evágrio, a mística não é nenhuma fuga do mundo, mas é a visão contemplativa do mundo. Segundo ele, ela conduz à saúde da alma. Evágrio, portanto, subscreveria a frase de Dostoiévski: "A beleza salvará o mundo". A verdadeira saúde da alma, segundo Evágrio, não pode ser alcançada pelo agir ascético, mas tão somente pela contemplação.

A teologia evangélica acompanhou a filosofia de Kant em muitas áreas de sua teologia da beleza. Para Kant, a beleza não é algo objetivo. Ela é, muito antes, um juízo subjetivo do gosto do ser humano, algo puramente subjetivo. É verdade que, para Kant, o juízo subjetivo tem uma raiz na objetividade do mundo. Mas, em última análise, a subjetivação faz a beleza perder muito da força curativa que ela tem para o ser humano.

Segundo Kant, perceber algo como belo depende exclusivamente do nosso juízo. Mas a beleza não possui nenhum efeito curativo a partir de si mesma. Só quando percebemos algo como belo, ele nos faz bem. Em última análise, apenas imbuímos as coisas do nosso senso de beleza. Entretanto, na concepção de Tomás de Aquino, o belo vem ao nosso encontro a partir de fora. E, por vir ao nosso encontro no lírio do campo, nos Salmos e na figura de Jesus Cristo, ele tem um efeito curativo em nós.

O que vem ao nosso encontro nos fascina, apodera-se de nós. Quando levamos Kant às últimas consequências, o belo é apenas um senso subjetivo que nós mesmos temos de produzir, em vez de deixar-nos tocar pelo belo que verdadeiramente existe e, no encontro com ele, entrar em contato com a beleza em nós e, desse modo, tornar-nos sãos e íntegros.

Em sua filosofia do belo, Platão não nos apresentou nenhum mundo perfeito. Platão diz cinco vezes:

> O belo é difícil.

A beleza justamente não é algo puramente estético, no qual me refugio da realidade cruel do mundo. Platão diz, muito antes:

> Quem alguma vez experimentou o belo também acha belo suportar a parte que lhe cabe no sofrimento.

Platão fala ainda que a alma se lembra,

> em estado de intensa excitação, da beleza e da verdade que viu no passado.

Ao perceber o ser como belo, entramos em contato com nossa alma que viu o belo no passado. Platão narrou isso em um mito. Toda noite, as almas viajam com um carro de almas até o píncaro do firmamento. Seu cortejo é puxado pelos deuses olímpicos.

> Lá do píncaro do firmamento descortina-se, então, o olhar para o mundo verdadeiro. O que se pode ver de lá não é mais essa atividade desordenada e inconstante da nossa assim chamada experiência com o mundo, mas as verdadeiras constantes e a configuração permanente do ser.
>
> (GADAMER, p. 19.)

Os deuses demoram-se na contemplação dessa ordem maravilhosa. Mas as almas estão perturbadas por sua ligação com o terreno. Elas apenas olham de relance para essa verdadeira beleza e então retornam à sua atividade terrena. A experiência do amor e do belo, inclusive do amor ao belo, faz com que a alma recupere o olhar para a verdadeira ordem do mundo.

> Graças ao belo, ela consegue com o tempo relembrar o verdadeiro mundo.
>
> (GADAMER, p. 19.)

O belo torna visível o ideal. No belo, resplandece diante do ser humano a verdadeira ordem do mundo, resplandece o mundo ideal, como foi criado pelos deuses. Assim, a beleza é como uma garantia

> de que, não obstante toda a desordem do real, todas as imperfeições, perversidades, tortuosidades, unilateralidades e confusões fatais, o verdadeiro não se situa a uma distância inalcançável, mas vem ao nosso encontro.
>
> (GADAMER, p. 20.)

O belo é, portanto, um resplandecer do divino para dentro do nosso mundo.

Platão fala do *kalón*. Este é mais do que o belo. É o correto, o que convém, o que é bom, o adequado à essência, aquilo em que este possui sua integridade, sua saúde e seu ser são/salvo (Hans Urs von Balthasar, vol. III, 1, p. 184). *Kalós* pode significar também o moralmente bom. Sempre reverbera nele também a ideia da ordem. E com muita frequência ele é associado com o *agathós* (bom). *Kalòs kagathós* (belo e bom) torna-se o conceito central de Sócrates. Ele o relaciona mais com a beleza interior do ser humano e com sua ordem interior do que com a beleza exterior (cf. GRUNDMANN, p. 542s.). Para ele, a beleza tem grande afinidade com a justiça.

Platão acentua que o belo vem do mundo de Deus e irrompe em nosso mundo terreno. Portanto, quando olhamos hoje para o belo, este nos põe em contato com nossa alma que, antes de ser incorporada em nosso corpo, viu o belo em sua forma original. O amor – assim diz Platão – foi gerado da beleza bem no início e, desde então,

> se originou do amor ao belo tudo o que há de bom para deuses e humanos.
>
> (O'DONOHUE. *Schönheit*, p. 278.)

Quando percebe o belo, a alma desperta, é fortalecida e nela crescem asas eternas:

> O peso do terreno e a finitude não podem mais sofrená-la.
>
> (O'DONOHUE. *Schönheit*, p. 278.)

De acordo com Sócrates, de quem Platão foi aluno, é sobretudo o Eros que nos capacita a ver o belo. Assim, o belo no mundo nos lembra a beleza primordial de Deus e faz com que nossa alma retome sua essência e sua capacidade de ver Deus e de unir-se com Ele.

O neoplatônico e místico Plotino aprofundou a filosofia platônica da beleza e, ao fazer isso, influenciou muitos Padres da Igreja. Plotino fala do belo primordial que, em última análise, é o divino que reluz no belo do mundo. E, na sua opinião, quando olhamos para o belo, nunca vemos só o belo exterior, mas, no fundo, vemos a nós mesmos, a nossa própria imagem, a nossa beleza interior (Hans Urs von Balthasar, vol. III,1, p. 264s.).

A contemplação do belo nos estimula a buscar nossa verdadeira imagem interior. Essa contemplação não é algo puramente exterior; ao contrário, ela é uma luz interior encantadora, na qual a alma percebe o belo em tudo. Em consequência, é preciso cultivar o senso para a beleza, que ao mesmo tempo representa uma purificação do coração. Somente um coração puro é capaz de perceber a beleza em tudo. Esse motivo da purificação da alma que percebe no seu próprio íntimo a glória divina (que sempre é, ao mesmo tempo, também amor) é retomado pelos Pais da Igreja cristãos, sobretudo por Gregório de Nissa. No ato de contemplar a beleza, entro em contato com o amor divino ilimitado que reside no fundo da minha alma.

A contemplação do belo não é, portanto, um ato estético, mas expressão de uma espiritualidade profunda. Ela é encontro com Deus como o fundamento primordial da criação e com o Deus que reside em mim. Estamos aqui diante de uma imagem otimista do Deus que nos toca na beleza, do Deus que nos fascina, que nos agrada. Pois belo é o que agrada. Trata-se de um Deus que satisfaz o nosso mais profundo anseio por beleza.

E é um Deus que pode ser desfrutado. *Fruitio dei*, a fruição de Deus, é, para a teologia católica, o destino do nosso caminho espiritual. Já podemos desfrutar Deus agora em tudo o que é belo e poderemos fazê-lo depois de maneira plena na vida eterna.

Agostinho, que também foi influenciado por Plotino, era uma pessoa sensível com apurada sensibilidade para o belo. Agostinho seguidamente fala da beleza:

> Logo deixei-me arrebatar por tua beleza.
>
> (*Confissões*, VII, 17.)

Ao interrogar todas as criaturas a respeito de Deus, estas lhe responderam que não são Deus, mas que foram criadas por Deus. E ele finaliza esse interrogar, dizendo que a resposta da criação é a sua beleza. A beleza desta o remete a Deus:

> Minha pergunta consistiu em contemplação reflexiva; sua resposta foi sua beleza.
>
> (*Confissões*, X, 6.)

Agostinho experimenta o efeito arrebatador da beleza de Deus, mas também o risco de restringir-se à beleza exterior. Ele passa a descrever, então, sua busca por Deus que acaba quando ele encontra a beleza de Deus em sua própria alma:

> Tarde vos amei, ó Beleza,
> tão antiga e tão nova,
> tarde vos amei.
> Eis que habitáveis dentro de mim,
> e eu lá fora a procurar-vos!
> Disforme, lançava-me

> sobre estas formosuras que criastes.
> Estáveis comigo, e eu não estava convosco!
> Retinha-me longe de Vós aquilo que não existiria
> se não existisse em Vós.
> Porém, me chamastes com uma voz tão forte
> que rompestes a minha surdez!
> Brilhaste, cintilastes e logo afugentastes a minha cegueira!
> Exalastes perfume: respirei-o suspirando por Vós
> Eu vos saboreei, e agora tenho fome e sede de Vós.
> Vós me tocastes e ardi no desejo da vossa paz.
>
> (*Confissões*, X, 27.)

Deus tocou Agostinho, esse homem que o buscava, com a beleza de sua criação. A beleza é o chamado de Deus ao ser humano. *Kalós* (belo) vem de *kalein* (chamar). A beleza nos chama e espera que respondamos. Mas Agostinho vê o risco de que nos limitemos à beleza exterior e esqueçamos a beleza primordial de Deus. Deus mesmo tem de purificar nossos olhos para que possamos visualizar sua beleza na criação e no ser humano. Quem é interiormente puro é capaz de "visualizar a beleza única e verdadeira" do

> Deus bom e belo, no qual e do qual e por meio do qual tudo é bom e belo.
>
> (Hans Urs von Balthasar, vol. II, p. 101.)

Quem tem o olhar purificado por Deus consegue elevar-se da beleza do mundo para a beleza de Deus. E ele vê a beleza do mundo à luz da beleza de Deus.

Isidoro de Sevilha dá continuidade à reflexão sobre essa doutrina. Ele pensa que o ser humano foi ofuscado pela beleza do mundo e voltou as costas para Deus. Entretanto, exatamente da mesma maneira ele pode ser reconduzido a Deus pela beleza do mundo:

> A partir da beleza da criatura limitada Deus permite intuir a sua beleza, que é ilimitada, para que o ser humano reencontre o caminho de volta a Deus, seguindo as mesmas pegadas que o levaram para longe dele, e para que aquele que por amor à beleza das criaturas se afastou da imagem de Deus retorne à beleza primordial de Deus por meio da beleza das criaturas.
>
> (Hans Urs von Balthasar, vol. III, 1, p. 308.)

Aqui se torna visível o paradoxo da beleza. A beleza humana pode nos ofuscar. A beleza do mundo pode nos levar a voltar as costas para Deus. Mas a beleza também pode se tornar o caminho que nos reconduz a Deus. Depende apenas dos olhos com que contemplamos a beleza: com olhos que na beleza identificam a glória de Deus ou então com olhos que se detêm na beleza do mundo e não mais a veem como espelho da beleza de Deus.

Os grandes teólogos da Idade Média – Anselmo de Canterbury, Tomás de Aquino e Boaventura – deram continuidade à teologia da beleza. Para Anselmo de Canterbury, a beleza da ordem do mundo manifesta a beleza de Deus. É uma beleza amável que, ao mesmo tempo, provoca o amor em nós. A razão tem a tarefa de identificar a beleza de Deus no mundo. Consequentemente, para Anselmo a beleza não é uma questão do sentimento, mas da razão, não do sentir, mas do contemplar. Com nosso intelecto podemos ver mais profundamente, podemos ver e identificar nas coisas a beleza de Deus.

Na sua doutrina da beleza, Tomás de Aquino segue mais a Aristóteles do que a Platão: Deus é o fundamento primordial de toda beleza, na medida em que Ele provoca *consonantia* e *claritas*, ou seja, harmonia e clareza. Deus produz *claritas* permitindo que as coisas participem da sua luz primordial. A *claritas* se refere ao aspecto brilhante, resplandecente da beleza. Até hoje dizemos de uma pessoa bela que ela brilha. *Consonantia* significa que tudo soa em conjunto e tudo combina. Deus ordena todas as coisas tendo em vista a si mesmo e as chama de volta para si mesmas e para sua verdadeira essência.

Tomás de Aquino diverge de Agostinho na maneira de entender a relação entre *kalós* e *kalein* ("belo" e "chamar"). Para Agostinho, Deus nos chama por meio da beleza. Para Tomás, as coisas são belas porque Deus mesmo as chama à existência e porque as ordena e reúne umas em função das outras. O fato de Deus criar algo não é expressão de carência, mas a razão disso deve

> residir no amor à sua própria beleza, pois quem tem beleza própria quer multiplicá-la sempre que possível, a saber, por meio da comunicação da semelhança consigo mesmo. [...] Assim, tudo é criado para imitar tanto quanto possível a beleza divina.
>
> (Hans Urs von Balthasar, vol. III, 1, p. 369.)

Em consequência, a beleza do mundo é, em última análise, emanação do amor de Deus que quer se doar por nós e alegrar-nos. Partindo da experiência humana, Tomás de Aquino propõe a sua conhecida e já mencionada definição do belo:

> *Pulchra sunt quae visa placent.*
> Belas são as coisas que, ao serem vistas, agradam.

O belo, portanto, tem o efeito de ser agradável à alma e ao corpo do ser humano. Ele agrada. Ele provoca alegria e bem-estar no ser humano. E a beleza nos toca por meio do ato de contemplá-la.

Dos três teólogos, o franciscano Boaventura foi quem mais espaço concedeu ao belo em sua teologia. Ele vinculou a beleza de Deus sobretudo com Jesus Cristo. A beleza de Deus se torna manifesta na beleza do Filho (Hans Urs von Balthasar, vol. II, p. 300). Mas Boaventura vincula essa beleza de Jesus com a declaração do Profeta Isaías, segundo a qual não havia em Jesus nem beleza nem bela aparência. Jesus é desnudado, de modo que o que se vê é a deformidade do mero corpo:

> Mas por meio da deformidade exterior Ele, ao mesmo tempo, resguardou a beleza no seu interior. [...] As pessoas viram o mais belo dos humanos na cruz, elas que viam apenas o exterior, e assim o viram como alguém que não tinha beleza nem bela aparência, cujo rosto era desprezível e cuja postura desengonçada; ainda assim, fluiu dessa deformidade do nosso Redentor o preço da nossa beleza. [...] Mas quem poderia verbalizar sua beleza interior, dado que nele reside toda a plenitude da divindade? Assim também nosso corpo poderá ficar exteriormente deformado com a deformidade de Jesus, para que interiormente adquira nova forma com a bela aparência de Jesus.
>
> (Hans Urs von Balthasar, vol. II, p. 355.)

Nesse texto, Boaventura associa as duas declarações sobre Jesus já citadas por mim na introdução:

> És o mais belo dos filhos dos homens, a graça escorre dos teus lábios.
>
> (Sl 45,3)

> Ele não tinha beleza nem bela aparência que pudesse atrair o nosso olhar.
>
> (Is 53,2)

E ele as associa na sua teologia. A beleza de Jesus resplandece até mesmo de sua deformidade. Boaventura expressa com essas palavras uma experiência que fazemos também hoje: a beleza está no mundo, mas frequentemente se trata de uma beleza crucificada, uma beleza que está oculta por trás da deformidade de pessoas violentadas e humilhadas.

A exemplo de Agostinho, Boaventura também fala da purificação da alma. Depois que a alma foi purificada do pecado, sua beleza resplandece. Então ela se converte em um espelho cristalino que reflete a beleza do mundo. Nesse espelho cristalino, a alma reconhece a sua própria beleza. Ela reconhece que é imagem de Deus e que essa imagem reflete a beleza de Deus. Por isso, a espiritualidade da beleza não se contrapõe a uma espiritualidade ascética. Para que se possa perceber o belo é preciso passar pela ascese da purificação. Apresento-me com minhas turvações interiores, com meus sentimentos e pensamentos impuros e sujos para permitir que o amor de Deus me limpe deles. Só então serei capaz de identificar o belo no mundo e deixar-me iluminar por ele. Mas o próprio belo possui um efeito purificador. Quando, em meio ao meu pecado, fico fascinado pelo belo, o pecado perde seu poder. No belo, Deus me toca e me purifica. Quando o belo incide num espelho sujo, ele nos convida a limpar nosso espelho. Pois o belo nos fascina mesmo que o vejamos através da sujeira, de modo que queremos vê-lo cada vez mais claramente.

Para mim, todas essas reflexões filosóficas e teóricas não permanecem pura teoria. Pelo contrário, elas transformam minha atitude para com a realidade. Há uma diferença entre dizer "sinto que isto é belo" e dizer "isto é belo". De fato há algo objetivamente belo. Para Platão, tudo que se origina do ser, tudo que corresponde à ordem interna das coisas e do ser humano é belo. O belo é o bem-ordenado, o estruturado. Não é simplesmente aparência, mas ser. Ele, contudo, exige de mim um olhar diferente: a disposição de contemplar o existente de tal modo que deixo que ele seja o que é. Isso foi um aspecto importante sobretudo da filosofia de Martin Heidegger, que traduziu a metafísica grega para o nosso tempo: para Heidegger, a verdade se mostra. Ela se revela. E esse aparecimento da verdade é a beleza (MANN, p. 22).

A beleza é *Ereignis*, ou seja, acontecimento. *Ereignis* vem de *Eräugnis* e, portanto, deriva de *Auge* (olho). Ela se torna visão. O belo se mostra e nele tudo se mostra: Deus e ser humano, céu e terra. A resposta do ser humano ao aparecimento da verdade é o "habitar poético" e o "pensar memorativo". Não só pensamos ou falamos sobre as coisas, mas, ao pensar e falar, permitimos que as coisas estejam presentes. No habitar poético, o belo acontece para nós e nisso reside, para Heidegger, sempre também o aspecto salvador (MANN, p. 23). Para perceber o belo, é preciso assumir a postura interior do deixar ser, da serenidade – como diz o Mestre Eckhart. Deixamos as coisas como são. Nós as contemplamos sem julgá-las, sem preconceito, com serenidade. Deixamos as coisas serem como são. Tentamos pensá-las, memorá-las, alçá-las à condição de palavra. Não falamos sobre as coisas. Deixamos, muito antes, as coisas resplandecerem na palavra. Assim, o belo exige um pensar contemplativo: um pensar que permite a irradiação das coisas em toda a sua beleza.

O fundamento decisivo da visão otimista do mundo, que sempre foi mantida na teologia católica, consiste em que Deus se encarnou no mundo. Deus criou o mundo bom e belo. E essa beleza está no mundo apesar de toda a culpa humana. A beleza continua sendo o lugar em que podemos experimentar Deus. A fascinação pela beleza pode até nos abrir para a experiência de Deus. Pois em tudo o que é belo e que nos atrai interiormente encontramos, em última análise, a beleza primordial de Deus. A beleza que experimentamos no mundo torna-se, assim, um vestígio que Deus imprimiu neste mundo, para que, apesar de todas as dúvidas e pouca fé, seguidamente possamos intuí-lo e experimentá-lo. Deus se mostra no belo. Por parte do ser humano é preciso que haja abertura para perceber o belo. A filosofia e a teologia do belo levam, assim, em última análise, a uma espiritualidade contemplativa e mística. Trata-se de transformar o ser humano por meio da contemplação do belo.

3
A beleza de Jesus Cristo no Evangelho de Lucas

O Evangelista Lucas dominou como ninguém a arte de fazer a beleza da vida, mas sobretudo a beleza de Jesus Cristo, manifestar-se por meio da palavra. Lucas nos presenteou maravilhosas narrativas. Na beleza da narrativa reluz a beleza de Jesus Cristo e a beleza da vida que Ele nos presenteia.

A palavra "beleza" praticamente não ocorre em Lucas. Mas, na reação das pessoas a Jesus, torna-se visível algo da beleza de Jesus que as fascina. Essa beleza fascinante de Jesus alegra as pessoas (Lc 13,17).

Mas elas também ficam fora de si porque, na atuação de Jesus, reluz a grandiosidade de Deus (Lc 9,43). Mas o êxtase provocado pela beleza de Jesus também vem misturado com temor, com o susto diante daquilo que é totalmente inabitual. Assim, Lucas descreve a reação das pessoas à cura do paralítico com as seguintes palavras:

> Então todos ficaram fora de si (*ekstasis*) e glorificavam a Deus. Atemorizados, diziam: "Hoje vimos algo inacreditável!"
>
> (Lc 5,26)

Lucas tem em mente o ideal grego de beleza quando descreve o desenvolvimento de Jesus como criança:

> E o menino crescia, tornava-se robusto, enchia-se de sabedoria: e a graça de Deus estava com Ele.
>
> (Lc 2,40)

Na criança Jesus, torna-se visível a beleza pura de Deus (é isso que se quer dizer com *cháris* = "graça, formosura, beleza, natureza agradável") que vai se desenvolvendo dentro dele. Isso fica claro também na segunda descrição do crescimento de Jesus:

> E Jesus crescia em sabedoria, em estatura e em graça diante de Deus e diante das pessoas.
>
> (Lc 2,52)

Jesus não foi somente o ser humano sábio, mas também alguém que era benquisto por Deus e pelas pessoas, que Deus e as pessoas gostavam de ver por sua formosura e beleza. É por isso que o versículo também pode ser traduzido assim:

> Ele caiu no agrado de Deus e das pessoas.
>
> (Lc 2,52)

Cair no agrado é a essência da beleza. O que é belo agrada. Os Pais da Igreja de fala grega retomaram essa descrição feita por Lucas quando escreveram sobre a beleza extraordinária de Jesus. E eles viram sua interpretação de Jesus confirmada pelas declarações veterotestamentárias a respeito da beleza messiânica. Para eles, Moisés é belo, José é belo. Mas a beleza do Messias é maior que a deles (cf. BERTRAM, p. 556).

Jesus considerou como a missão de sua vida restabelecer a beleza do ser humano. Foi por isso que Lucas – como nenhum outro evangelista – transferiu as curas sobretudo para o sábado. Jesus restitui o ser humano à sua beleza original, ao estado em que Deus o criara no sexto dia. A cura no sábado torna realidade a seguinte palavra extraída da história da criação:

> Deus viu tudo que tinha feito: era tudo muito belo.
>
> (Gn 1,31)

Jesus restabelece no sábado a postura da mulher encurvada, para que ela reconheça sua própria dignidade e possa voltar-se inteiramente para Deus (Lc 13,10-17).

No sábado, Ele cura um hidrópico. Ele o liberta de sua doença. Lucas compara a doença com um filho ou um boi que cai na água. Curar significa: puxar a pessoa para fora do pântano em que ela muitas vezes se afundou. Quando uma pessoa vai parar no pântano da doença, sua beleza e dignidade ficam diminuídas. Ela fica interiormente, e com bastante frequência também exteriormente, maculada, degradada. Cura significa recondução do ser humano à sua beleza original. Essa beleza original também é o objetivo de toda conversão. Quando o filho pródigo retorna ao seu pai, ele é embelezado. Ele é vestido com roupas bonitas e adornado com um anel visando devolver-lhe sua beleza original (Lc 15,22).

O ser humano que reencontra o caminho até Deus, encontra em Deus também sua verdadeira beleza. A mulher que era tida como pecadora pelos fariseus, teve sensibilidade para captar a beleza de Jesus. Ela lavou-lhe os pés com suas lágrimas, enxugou-os com os cabelos, cobriu-os de beijos e ungiu-os com o óleo perfumado.

(Lc 7,38)

Ela fez isso por amor. Jesus lhe concede o perdão dos pecados e comenta: quem muito ama, muito será perdoado. Poderíamos dizer também: quem ama a beleza, experimenta em seu amor, ao mesmo tempo, o afastamento de sua culpa. Na beleza de Jesus, ele experimenta, ao mesmo tempo, seu amor perdoador.

A beleza de Jesus aparece na transfiguração. A exemplo dos outros dois sinóticos Mateus e Marcos, Lucas também faz Pedro responder à beleza de Jesus, que se revela no seu rosto brilhante:

> Mestre, é bom estarmos aqui; façamos, pois, três tendas, uma para ti, outra para Moisés e outra para Elias.

(Lc 9,33)

Moisés e Elias compartilham a beleza de Jesus. Pedro quer eternizar esse belo instante. Mas Jesus o demove dessa ideia. Deve bastar-lhe ter contemplado a beleza de Jesus. Ele precisa atravessar novamente a nuvem escura e descer até o vale. Chegando ali, resta-lhe a memória da beleza de Jesus.

Lucas descreve Jesus durante seu agir, ao proferir suas palavras, em seus encontros e, por fim, no seu sofrimento e na sua morte na condição de ser humano verdadeiramente justo pelo qual ansiou a filosofia grega. Justiça tem tudo a ver com beleza. Pois justo é o ser humano que faz jus à sua essência mais íntima, à sua dignidade divina. Jesus não se deixa demover dessa justiça nem mesmo pela injustiça dos seus assassinos. Diante disso, o centurião sob a cruz glorifica Deus dizendo que esse Jesus realmente foi um homem justo (Lc 23,47). A glória, a beleza de Deus, torna-se visível, portanto, nesse homem justo, nesse protótipo da verdadeira humanidade. A reação à beleza de Jesus é transformação dos discípulos. Eles entram em contato com sua própria beleza, com seu próprio núcleo divino. Lucas explica isso por meio da metáfora grega do espetáculo. Lucas entende a vida de Jesus como espetáculo que visa nos pôr em contato com a beleza divina que está dentro de nós. O filósofo grego Aristóteles diz que o espetáculo leva à catarse, à depuração das emoções, para que a essência do ser humano resplandeça em sua pureza. Lucas diz a respeito da crucificação de Jesus:

> E todos os que haviam acorrido para o espetáculo, vendo o que havia acontecido, voltaram, batendo no peito comovidos.
>
> (Lc 23,48)

Eles viram nesse espetáculo a beleza do amor de Deus e, desse modo, entraram em contato com o belo em si mesmos. Isso os levou à conversão. Não foi um chamado ao arrependimento que os levou à conversão, mas o ato de assistir (*theorein*) ao acontecimento. Olhando para o homem verdadeiramente justo, elas entraram em contato com a sua própria justiça e a sua própria beleza. E assim voltaram transformadas para casa. Quem verdadeiramente olha a beleza e imerge no contemplar – *theorein* se refere a esse contemplar – sai transformado dessa experiência.

A transformação dos discípulos que viram Jesus é descrita por Lucas nos Atos dos Apóstolos. Os discípulos antes temerosos de repente começam a falar em público. Pedro, o pescador iletrado, fascina as pessoas com seu belo discurso, que lhe foi inspirado pelo Espírito Santo. De Pedro e João emana algo que cura e que põe em pé. Eles põem em pé o paralítico no templo. E os dois apóstolos também comparecem diante dos sumos sacerdotes com destemor *(parrhesía*, um ideal grego). Eles dizem:

> Para nós é impossível calar sobre o que vimos e ouvimos.
>
> (At 4,20)

A beleza da vida é expressa na descrição da primeira comunidade cristã. Os primeiros cristãos

> faziam juntos as refeições com alegria e simplicidade de coração.
>
> (At 2,46)

Lucas fala expressamente da beleza de uma pessoa quando descreve o Diácono Estêvão:

> Todos os membros do Sinédrio, com os olhos fitos nele, tiveram a impressão de ver em seu rosto o rosto de um anjo.
>
> (At 6,15)

Estêvão está tão cheio do Espírito de Jesus que até perdoa seus assassinos. Esse Espírito faz seu rosto se parecer com a face de um anjo. Quem, portanto, está repleto do Espírito de Jesus reflete a beleza de Jesus e a beleza dos anjos neste mundo. Tanto o Evangelho de Lucas quanto os Atos dos Apóstolos estão cheios de belas histórias. Assim, Lucas representa para mim o convite para narrar com "belas-letras" o que vivenciamos. Dizemos às vezes de uma pessoa que fala sobre experiências próprias ou de outros: o jeito que ele contou isso foi tão bonito. Suas narrativas nos agradam. Narrar algo de maneira bela é diferente de falar bonito sobre algo. Quem fala bonito não está querendo suportar a realidade. Uma bela narrativa – é o que nos mostra também Lucas – nem sempre é a narrativa de um mundo perfeito. Ela narra também o sofrimento e a ameaça à vida. Mas a linguagem que usamos para narrar nossas experiências de enfermidade, necessidade e sofrimento já transforma essa experiência, elevando-a a um outro patamar. Ao escutar uma bela narrativa, somos atraídos para dentro dela. Dentro de nós algo se transforma. A bela narrativa não é nenhum apelo moral para transformar-nos. Ela é, antes, um modo suave de ver nossa própria verdade sob outra luz e transformar a partir de dentro também o nosso falar e fazer.

O Evangelho de Lucas e os Atos dos Apóstolos convidam-nos hoje a proclamar Jesus de maneira bela. Ao fazer isso, não devemos meramente falar bonito ou dissolver tudo numa bela harmonia. Muito antes, devemos aprender com Lucas a arte de falar de nossa vida, de nossas necessidades e dores, de nosso sofrimento e de nossa decepção de tal maneira que não permaneçamos atolados na lamentação e na queixa, mas devemos fazê-lo de modo a que, em meio ao sofrimento, resplandeça algo da beleza do ser humano e da possibilidade da transformação. Lucas escreveu para seus leitores gregos um *best-seller* que – sem falsificar Jesus – foi ao encontro do seu gosto por uma bela história.

Às vezes me assusto com o modo como pregadores falam de Jesus. Eles descrevem Jesus ou como um mágico que resolve todos os problemas ou então como um pregador moral que nos atropela com suas exigências. A linguagem eufórica que apenas louva a beleza de Jesus tem medo da realidade e não faz jus à verdadeira beleza de Jesus. E a prédica moralizante, no fundo, projeta o medo do mal nos corações humanos. As duas maneiras de falar de Jesus não correspondem ao quadro de Jesus pintado por Lucas. Lucas nos mostra outro caminho. Devemos vincular nossa realidade como ela é, ou seja, também na falta de esperança e no desespero – como expressos, por exemplo, pelos discípulos a caminho de Emaús –, com o destino de Jesus. Ao fazer isso, veremos, à luz de Jesus, nossa vida com outros olhos. Então descobriremos, inclusive nas confusões da nossa vida, a bela figura (*dóxa*) que Deus idealizou para a nossa vida. Reconheceremos Jesus como aquele que de fato nos provoca, que sofre a tragédia de uma vida fracassada e, ainda assim, como o homem verdadeiramente justo, não se deixa demover de sua beleza interior.

As tragédias gregas tampouco descrevem um mundo perfeito. Mas, apesar de todo sofrimento, de toda a infelicidade e de todas as catástrofes, reluz ao nosso encontro algo da beleza interior do ser humano, como fica evidente no famoso dito de Antígone, no drama de Sófocles:

> Estamos aqui, não para odiar com quem odeia, mas para amar com quem ama.

Lucas é para mim um constante apelo a examinar o que falo sobre Jesus e sobre a minha existência cristã e, diante de todo o sofrimento, dar lugar ao belo que transforma o sofrimento.

4

A beleza paradoxal da cruz no Evangelho de João

Nenhum outro evangelista fala com tanta frequência da *dóxa* (brilho, esplendor, glória, beleza) quanto João. O paradoxo, contudo, é que o lugar em que essa glória e beleza de Deus mais resplandece é a cruz e, portanto, justamente onde menos a esperamos: no sofrimento e na morte de Jesus. O tema da glória atravessa o Evangelho de João do primeiro ao último capítulo. No Prólogo, João vincula estas duas palavras: graça e beleza, graça e glória:

> Vimos a sua glória, a glória do unigênito do Pai, cheio de graça e verdade.
>
> (Jo 1,14)

Em Jesus resplandece a beleza de Deus. E essa beleza está cheia de graça e verdade.

O que significam esses conceitos? Verdade em grego é *alétheia* e significa, em última análise: é retirado o "véu" que está posto sobre a realidade e passamos a ver as coisas como são, em sua verdade e em sua beleza. A palavra alemã *schön* (bela(o)) é derivada de *schauen* (ver, olhar). Belo é o atraente, o que gostamos de olhar. O sentido mais importante para João e para os gregos em geral é a visão. A palavra grega para "Deus" (*theós*) vem de "*théastai*" (olhar, assistir). A filosofia grega diz: o ser sempre é, ao mesmo tempo, bom, verdadeiro e belo. Portanto, quando descubro o ser no existente, no que está aí, estou olhando para o que é belo. No existente manifesta-se, em última análise, o belo primordial.

Os gregos conhecem duas palavras que designam o oposto do belo: a primeira é *aischýno* (desfigurar algo, torná-lo feio, desonrá-lo, fazer má figura). O belo sempre é também o honroso, o que corresponde à nossa dignidade. O oposto disso é a vergonha, a desonra, a desfiguração. A segunda palavra para o feio é *aóros*, que significa o que chega fora de hora, o que perturba o ritmo, o que destoa do momento. *Kalós*, o belo, sempre é o ordenado e adequado. *Aóros* perturba a ordem. Ele sai fora da ordem e por isso é feio. O belo é o uno, a totalidade. Somos belos quando estamos unificados com Deus.

Beleza tem tudo a ver com graça. *Cháris*, a palavra grega para graça, significa: presente, dom, mas também o charme, a formosura, a alegria que parte da beleza. O poeta alemão Friedrich Hölderlin traduz *cháris* por "amabilidade do ser", o filósofo Martin Heidegger por "benevolência do ser" ou "benignidade do ser". *Cháris*, sendo aquilo que é agradável e formoso, também tem a ver com charme. Mas a palavra "charme" vem de "*carmen*" (canto, encantamento) e de "*canere*" (cantar, encantar). Portanto, a fé não é só a arte de olhar o belo, mas ela também encanta por meio do que nos mostra. Ela nos mostra a beleza e o amor de Deus.

O conceito de fé que encontramos aqui em João é diferente daquele que frequentemente sustentamos. A meu ver, deveríamos crer ou deveríamos confiar. Para João, a fé é o contemplar do belo. E quem contempla o belo confia na bondade do ser, na benevolência do ser. Ele vê o belo em meio a um mundo de aparência frequentemente feia.

Para João, a beleza de Deus resplandece na carne da palavra que se tornou humana (*lógos*). A carne impotente (*sárx*) é frágil, fraca e enferma, e foi desfigurada pela enfermidade. Este é o paradoxo do conceito joanino de beleza: o brilho de Deus resplandece justamente na debilidade da carne. E essa debilidade da carne é desdobrada em duas outras imagens: na imagem do cordeiro e na imagem da cruz. João Batista direciona o olhar dos seus discípulos para Jesus, dizendo:

> Eis o Cordeiro de Deus.
>
> (Jo 1,36)

O cordeiro não é o cordeiro do sacrifício ou o bode expiatório (*arníon*), mas o cordeiro indefeso, impotente (*amnós*). Jesus não é o herói, mas Ele é vulnerável como um cordeiro. Ele é entregue na mão dos poderosos. Mas justamente nesse homem fraco, entregue ao poder do mundo resplandece a beleza de Deus. E essa beleza sempre já é amor.

Na outra palavra (Jo 1,29), João fala do cordeiro que leva embora o pecado do mundo. Ali se torna visível o amor de Deus "que leva o pecado embora", do qual se fala em Ex 34,6s. Levar embora o pecado não tem nada a ver com expiação, mas – segundo a declaração de Ex 34 – é sinal do amor de Deus. O amor de Deus se distingue por não colocar o pecado na nossa conta ou nas nossas costas, mas por tirá-lo do mundo, de modo que ele não tenha mais poder sobre nós.

O próprio Jesus se chama de o "belo pastor". Frequentemente traduzimos a palavra grega *"kalós"* por "bom". Mas seu significado mais apropriado é "belo". Por isso, Carlo Maria Martini traduz as palavras de Jesus a respeito do "bom pastor" da seguinte maneira:

> Eu sou o belo pastor. O belo pastor dá a sua vida pelas ovelhas. [...] Eu sou o belo pastor; conheço os meus e os meus me conhecem, como o Pai me conhece e eu conheço o Pai; e eu dou a minha vida pelas ovelhas.
>
> (MARTINI, p. 51.)

E ele interpreta essas palavras de Jesus assim:

> A beleza do pastor é o amor com que se entrega à morte em favor de cada uma das suas ovelhas e estabelece uma relação direta e pessoal com cada uma delas motivado pelo mais profundo amor. Isso significa: experimenta a sua beleza quem se deixa amar por Ele e quem lhe dá seu coração inteiramente para que sua presença circule por Ele.
>
> (MARTINI, p. 52.)

Como o belo pastor, Jesus também fala das belas obras que Ele realiza diante das pessoas por incumbência do seu Pai (Jo 10,32).

Trata-se das suas obras de amor. João mostra aqui a conexão que há entre beleza e amor, como foi vista pelos gregos e também por Dostoiévski em seu romance *O idiota*. Belo é o ser humano que ama e, em seu amor, dedica-se a outros. A Igreja cristã dos primórdios representou Jesus como um pastor jovem e belo, que atrai as pessoas com sua beleza e, em consequência, é capaz de conduzi-los e orientá-los sem coerção.

A condição indefesa da carne atinge sua plenitude na cruz. Nela, Jesus é abandonado ao poder arbitrário do mundo. Exteriormente Jesus está impotente e desamparado. Mas justamente na cruz Ele é glorificado por Deus. E essa glória é, no fundo, amor que se tornou visível: amor até a plenitude. A cruz é o lugar onde mais brilha a beleza de Deus. Isso é um paradoxo. Nós associamos a cruz com o cruel sofrimento de Jesus. Mas João vê nela a plenitude do amor. Quando um amigo dá sua vida por seus amigos, estamos diante do auge do amor:

> Ninguém tem amor maior do que aquele que dá a sua vida por seus amigos.
>
> (Jo 15,13)

A beleza do amor entre amigos resplandece diante de nós na cruz. E resplandece também uma glória que é diferente da beleza terrena. Jesus roga em sua derradeira prece:

> E agora, glorifica-me, Pai, junto de ti, com a glória que eu tinha junto de ti antes que o mundo existisse.
>
> (Jo 17,5)

Na morte de Jesus na cruz, torna-se visível uma glória que perdura além da morte. É a glória de Deus que já existia antes da criação e que sempre já fora compartilhada por Jesus como Filho de Deus.

João conhece mais duas imagens para o amor que se consuma na cruz: a imagem da entrega e a imagem do abraço. Embora a morte na cruz seja uma morte violenta que se abate sobre Jesus a partir de fora, Ele fala de sua entrega ativa:

> Eu dou a minha vida pelas minhas ovelhas. [...] Ninguém a tira de mim, mas eu a dou livremente.
>
> (Jo 10,15-18)

Jesus transforma o que lhe sucede a partir de fora em um ato de amor e entrega. Agindo assim, Ele lhe tira o poder. A entrega transforma em amor toda a crueldade que nos atinge de fora. A segunda imagem é a do abraço. Jesus diz:

> E, quando eu for elevado da terra, atrairei todos a mim.
>
> (Jo 12,32)

O gesto feito na cruz, o gesto dos braços estendidos, é o gesto do abraço. Na cruz, Jesus abraça o mundo inteiro. Ele abraça nossos antagonismos. O gesto do abraço não é só um gesto de amor, mas também de beleza.

Nesse gesto, Jesus explicita sua verdadeira forma de ser humano que está totalmente tomado pelo amor de Deus. Em sua essência, o ser humano constitui uma forma de cruz que abarca altos e baixos, comprimento e largura. Na cruz, Jesus representa a forma original do ser humano, evidenciando, assim, sua beleza. Desse modo, João transforma a crueldade na glória que resplandece na cruz. Maurus Kraus, o artista que criou a cruz na fachada da igreja do nosso mosteiro em Münsterschwarzach, também quis transformar o sofrimento em beleza com a sua representação. Ele representou o Cristo ressuscitado abraçando o mundo inteiro na cruz; e também toda pessoa que olha para essa cruz sente-se abraçada com tudo o que ela é.

A cruz significa justamente o abraço aos antagonismos. Não nos achamos belos porque rejeitamos muita coisa que percebemos em nós. Porém, o que rejeitamos falta para completar nossa beleza. A cruz une tudo o que há em nós: o que há de claro e de escuro, de forte e de fraco, de saudável e de enfermo, o que ficou inteiro e o que se quebrou, o que foi vivido e o que não foi vivido, o que tem vida e o que ficou paralisado, o bem-sucedido e o malsucedido, o consciente e o inconsciente.

O Evangelho de João é uma escola de fé. Ter fé não significa fechar meus olhos para o que há de negativo e olhar exclusivamente para o belo. A fé de que ele fala é a arte de ver a glória de Deus até na carne frágil, desfigurada, adoentada e assassinada. A beleza sempre tem algo a ver com amor. Reconhecendo nos seres humanos, mesmo que estejam exteriormente desfigurados, o amor que os move, vejo neles também a glória e a beleza de Deus. A escola da fé culmina na cruz. Mas, em todo o seu Evangelho, João conclama a olhar bem. Isso já começa no chamamento aos discípulos. Ele chama os primeiros dois discípulos, que querem ver onde Jesus mora, com as seguintes palavras:

> "Venham e vejam!" Então eles foram e viram onde Ele morava.
>
> (Jo 1,39)

Ao verem onde Jesus mora e como Ele vive, eles se transformam, eles se tornam seus discípulos.

Jesus olha para Simão, que tinha sido levado até Ele por seu irmão André, e identifica nesse homem não só o traidor, mas também a rocha. Jesus vê a essência do ser humano. João declara isso pouco tempo depois com esta frase:

> Jesus não necessitava que lhe dessem testemunho sobre o ser humano, porque Ele sabia o que havia no ser humano.
>
> (Jo 2,25)

Não é só Jesus que conclama a olhar bem, mas também os discípulos exortam-se mutuamente a olhar para Jesus. Assim, Filipe diz a Natanael, que acha que de Nazaré nada de bom pode vir:

> Vem e vê!
>
> (Jo 1,46)

Natanael é levado à fé porque Jesus olhou para ele e viu seu íntimo. Mas Jesus lhe faz esta promessa:

> "Verás coisas maiores do que estas". E lhe disse: "Em verdade, em verdade lhes digo: vocês verão o céu aberto e os anjos de Deus subindo e descendo sobre o Filho do Homem".
>
> (Jo 1,50s.)

O próprio Jesus nos convida a ver as coisas deste mundo com novos olhos. Então veremos em tudo um símbolo de nossa relação com Deus e com Jesus Cristo. Isso fica claro quando Jesus designa a si mesmo como a porta e como a videira verdadeira. Se olharmos com os olhos abertos para a videira, reconheceremos que estamos unidos a Jesus da mesma maneira que os ramos estão unidos à videira. E se olharmos com os olhos abertos para uma porta, reconheceremos nela o mistério de que Jesus abre a porta para nós: a porta que leva ao nosso próprio coração e a Deus. Se olharmos com os olhos da fé para a água, reconheceremos nela algo do mistério do Espírito Santo.

João inicia a narrativa da paixão com alguns peregrinos gregos que vêm até Filipe e dizem:

> Senhor, gostaríamos de ver Jesus.
>
> (Jo 12,21)

Mas Jesus os remete ao grão de trigo:

> Em verdade, em verdade lhes digo:
> Se o grão de trigo não cair na terra e morrer,
> permanecerá só; mas se morrer, produzirá muito fruto.
>
> (Jo 12,24)

Os gregos quiseram ver o homem Jesus por terem ouvido falar dele. Jesus lhes mostra que podem contemplar seu mistério se olharem com os olhos abertos para o grão de trigo. Nesse grão, eles reconhecem que a cruz de Jesus não se contrapõe à sua glória, mas que justamente na morte resplandece a glória da nova vida. A narrativa da paixão termina com esta frase:

> Olharão para aquele que transpassaram.
>
> (Jo 19,37)

Verão naquele que traspassaram o que prometeu o Profeta Zacarias: Deus derramará sobre Jerusalém

> um espírito de compaixão e de súplica.
>
> (Zc 12,10)

E para os habitantes de Jerusalém

> fluirá uma fonte para lavar o pecado e a impureza.
>
> (Zc 13,1)

Contemplar o Jesus transpassado na cruz converte-se, portanto, na visão da salvação. O amor de Deus fluirá do coração de Jesus para curar e limpar nossos corações machucados. O ato de contemplar quer levar ao amor também a nós.

Aqui volta a resplandecer o paradoxo da visão joanina de beleza. Pois olhar para uma pessoa transpassada não corresponde exatamente ao nosso ideal de beleza. Vemos nisso, muito antes, um ato de crueldade. Mas é justamente nesse homem transpassado que as pessoas podem visualizar a fonte do amor que flui ao nosso encontro do coração aberto. E é nesse coração amoroso que elas veem a verdadeira beleza, a beleza do amor de Deus, que transforma em beleza até mesmo o sofrimento.

A contemplação da glória do crucificado é então consumada na ressurreição. Maria Madalena anuncia aos discípulos após seu encontro com o ressuscitado:

> Vi o Senhor.
>
> (Jo 20,18)

Os discípulos, aos quais Jesus apareceu ao anoitecer do dia da Páscoa, relatam sua experiência para Tomé, o discípulo que não estivera presente no primeiro encontro com o ressuscitado, com as mesmas palavras:

> Vimos o Senhor.
>
> (Jo 20,25)

Mas o Discípulo Tomé não se contenta com o fato de os outros terem visto. Ele próprio quer ver e tocar os ferimentos de Jesus. Jesus atende ao pedido de Tomé. Ele lhe mostra seus ferimentos e o convida a tocá-los com os dedos. Mas, então, a história da Páscoa termina com esta frase:

> Felizes os que não viram e creram.
>
> (Jo 20,29)

Não podemos ver o ressuscitado fisicamente presente como os discípulos viram. Só podemos olhar para a cruz e para o túmulo vazio, para a videira e para a porta, para a fonte e para o poço, para o grão de trigo e para o pão. Se crermos, veremos em tudo algo da glória que resplandeceu na morte de Jesus na cruz: a glória que, no final das contas, é amor e que transforma tudo.

Quando medito sobre o Evangelho de João como desafio para a minha espiritualidade, vejo diante de mim, antes de tudo, a tarefa de descobrir a glória e a beleza de Deus justamente também na minha própria fraqueza e transitoriedade, na fragilidade e na cruz que seguidamente acaba comigo e com as minhas noções sobre a vida. Exatamente à cruz gostaria de me abrir para uma beleza mais profunda, para a beleza da minha alma. E, para mim, a cruz é o convite para identificar, inclusive no destino das pessoas que acompanho e que frequentemente revelam seus sonhos de vida frustrados e sua própria fragilidade, algo da glória que se expressa em um amor mais forte do que a morte.

Quando descubro em uma pessoa algo do amor que não se deixa abater nem mesmo pela morte, contemplo o mistério da beleza de que fala João. Não me refugio em um mundo da bela estética. Olho para a realidade do meu mundo como ela é e, apesar disso, identifico nela a glória de Deus, sobre a qual a violência e a crueldade humanas não têm poder.

5
A beleza da criação

A Bíblia conta que Deus fez a criação bela. E repetidamente os salmos exaltam a beleza da criação, na qual Deus aparece em seu esplendor. O Sl 104 louva a criação e o Criador, captando com a palavra o que o olho humano vê na criação. O Salmo começa com este verso:

> Louva o Senhor, ó minha alma!
> Senhor, meu Deus, como és grande,
> assim vestido de pompa e majestade!
>
> (Sl 104,1)

A beleza da criação é como a roupa que Deus vestiu para se mostrar ao ser humano. Em seguida, o salmo simplesmente descreve o que existe:

> Fazes brotar fontes d'água pelos vales,
> elas correm pelo meio das montanhas,
> dão de beber a todas as feras do campo,
> e os asnos selvagens matam a sede,
> junto a elas as aves do céu se abrigam,
> desferindo seu canto por entre a folhagem.
>
> (Sl 104,10-12)

Depois de enumerar todas as maravilhas da criação, o salmista prorrompe em júbilo:

> Que a glória do Senhor dure para sempre,
> que o Senhor se alegre com suas obras! [...]
> Cantarei ao Senhor enquanto eu viver,
> louvarei o meu Deus enquanto eu existir.
> Que meu poema lhe seja agradável!
>
> (Sl 104,31.33s.)

A reação à beleza da criação é a alegria; mas também reagimos escrevendo poemas. O objetivo da narração e da poesia humanas é fazer reluzir a beleza da criação.

Os gregos usam a mesma palavra para criação e poesia: *poíesis*. O que Deus criou deve ganhar nova forma na palavra humana. Os salmos e hinos com que louvamos a Deus são criações de artistas que se deixam arrebatar pela beleza de Deus. Os gregos achavam que os artistas precisavam estar repletos da presença de Deus para poderem criar. Para Píndaro, a composição de hinos é

> um esforço imorredouro do ser humano,
> que lhe foi arrendado pela divindade.
>
> (LÖHR, p. 42.)

O pressuposto para a composição de hinos é estar tomado por Deus, o "ser-em-Deus" (*en-thou-siasmós*). Para Platão, o poeta

> não tem condições de compor poemas,
> enquanto não estiver preenchido por Deus e fora de si.
>
> (LÖHR, p. 37.)

A beleza da criação deve se espelhar, portanto, na beleza do nosso louvor. A criatividade das pessoas que se deixam tocar pela beleza de Deus é indispensável para que possam louvar a Deus adequadamente. A história da espiritualidade cristã está cheia de maravilhosas poesias e composições, nas quais poetas e músicos fazem brilhar e ressoar a beleza de Deus para as demais pessoas. Nem sempre foram poetas ou músicos piedosos. Mas eles, muitas vezes, entenderam mais da beleza de Deus do que cristãos que celebram seus cultos como dever piedoso, mas sem o sentido para a beleza de Deus.

O ser humano responde à beleza da criação louvando o Criador. Mas sua resposta consiste também em poder, ele próprio, criar coisas belas, não só por meio de hinos e canções, mas também por meio da arte e do que ele faz no dia a dia. Nós próprios participamos do poder criador de Deus. Somos capazes de produzir coisas belas. Podemos embelezar o mundo. Isso não vale só para a arte, mas também para nosso fazer cotidiano. Adornamos nossas casas. Decoramos lindamente nosso apartamento. Pomos a mesa com fantasia, de modo que não só degustamos a comida, mas também desfrutamos a bela atmosfera na qual fazemos a refeição. Quando nos reunimos para uma celebração, deixamos o recinto bem-arrumado.

Certa vez, dei um curso para mulheres especializadas em hotelaria. Uma das tarefas a que davam muita importância era deixar tudo bonito para os hóspedes tanto por meio da bela aparência dos recintos quanto por meio do tratamento dispensado aos hóspedes. Não só nos deparamos com a bela criação de Deus, mas nós mesmos diariamente nos tornamos criadores que fazem coisas belas para si e para outros.

O teólogo evangélico Rudolf Bohren apontou, em sua estética teológica intitulada *Dass Gott schön werde* (Que Deus se torne belo), sobretudo para a beleza da criação. Ele cita o teólogo Claus Westermann, que interpreta a fórmula que avalia a obra da criação: "E eis que tudo era muito bom" (Gn 1,31). Westermann opina que a palavra hebraica *tob* significa: "apropriado ao fim, belo, amigável, direito, moralmente bom". Belo sempre tem também o significado: "bem-feito, belo para..." (BOHREN, p. 94).

Bohren passa a descrever, então, o caráter supérfluo da criação. Há tantas belas borboletas, tantas belas flores que extrapolam as necessidades biológicas. Deus tem senso para o belo. A poeta judaica Nelly Sachs capta isso nas seguintes belas palavras:

> Como é belo o além pintado no teu pó.
>
> (BOHREN, p. 97.)

Nelly Sachs vê na beleza da criação um reflexo do além, do divino. Bohren cita a seguinte palavra de Jesus:

> Vocês são a luz do mundo.
>
> (Mt 5,14)

E faz este comentário:

> Um grupo de discípulos que nada mais sabe de flores e borboletas perde a leveza da luz. Ele não consegue mais brilhar como luz. [...] Quem não mais se admira de "como é belo o além" pintado no pó da borboleta espalhará gravidade, produzirá melancolia.
>
> (BOHREN, p. 98.)

Jesus nos conclamou a voltar os olhos para as aves e para os lírios do campo:

> Nem Salomão, em toda a sua glória, se vestiu como um deles.
>
> (Mt 6,29)

Não só vemos a beleza da criação nos lírios, mas também aprendemos com eles a leveza do ser. Aprendemos com eles o que é graça, formosura e beleza. Reconhecemos na beleza dos lírios a nossa própria beleza (Mt 5,26-30).

Alguém que seguidamente verbaliza esse olhar admirador da beleza presente na criação é o teólogo Fridolin Stier, que cresceu numa propriedade rural na região do Allgäu e, em consequência, desde a infância esteve profundamente ligado à natureza. No seu diário, ele narra, no dia 28 de junho de 1968:

> Junto à vegetação que separa um terreno do outro, no meio da grama, vi bem na minha frente o pequeno buraco redondo no chão, vi quando uma formiga-leão, há pouco ainda meio escondida, surgiu do nada, agarrou uma formiga e a arrastou por cima da areia fina do pátio até a sua cova. "O senhor viu isso?", perguntei ao teólogo que estava sentado do meu lado. "Ver o quê?" – "Isso ali", apontei com o dedo, "a formiga-leão! Quando vejo algo assim, não consigo deixar de pensar em Deus." – "Deus? O que esse inseto predador tem a ver com Deus?" – "Isso eu não sei, mas algo dentro de mim diz que Deus tem algo a ver com ele." – "Ah, essas tuas ideias esquisitas sobre Deus! De novo, isso já está se tornando crônico; há pouco o senhor ficou parado diante de uma margarida." – "Pois fique ciente de que ainda estou parado lá..."
>
> (STIER, p. 116.)

Enquanto Stier fica parado cheio de admiração diante da margarida e contempla a beleza da criação, o teólogo passa por ela sem lhe dar atenção. Esse passar sem dar atenção à beleza da criação constituiu, em última análise, a razão da destruição do meio ambiente. Só muito lentamente estamos nos recuperando dessa visão puramente racional das coisas. O deslumbramento diante da beleza presente na criação leva a uma nova relação com a criação e a uma maneira atenta de lidar com ela. E é expressão de uma piedade profunda. Pois não perceber nem exaltar a beleza da criação significa, em última análise, não perceber Deus que sempre é também – como canta Ângelo Silésio seguindo o exemplo de Santo Agostinho – a "beleza bem-aventurada".

Para Fridolin Stier, a beleza do mundo não é uma beleza romântica, estética, mas com bastante frequência também a "beleza terrível" da qual fala Rilke. Apesar de todas as catástrofes naturais, transparece essa beleza da criação. É o que mostra um fragmento de seus registros diários no dia 30 de junho de 1970:

> O agricultor (Ambros Diem) no seu leito de morte: "Sabes que, quando penso nas alvoradas de verão, com a gadanha nas costas, a botija de mosto na mão, campo afora, o sol, o orvalho cintilante na grama, os pássaros cantando, céu e mato... Muitas vezes dava vontade de gritar de alegria!" E: "Foi então que percebi que havia algo mais"*
>
> (STIER, p. 121.)

---

* As duas últimas frases constam em dialeto suábio: "Do hätt' i denn oft grad juzga kenna!" e "Do hon e gemerkt, dass do no ebbes ischt" [N.T.].

Jesus nos conclamou a voltar os olhos para as aves e para os lírios do campo:

> Nem Salomão, em toda a sua glória, se vestiu como um deles.
>
> (Mt 6,29)

Não só vemos a beleza da criação nos lírios, mas também aprendemos com eles a leveza do ser. Aprendemos com eles o que é graça, formosura e beleza. Reconhecemos na beleza dos lírios a nossa própria beleza (Mt 5,26-30).

Alguém que seguidamente verbaliza esse olhar admirador da beleza presente na criação é o teólogo Fridolin Stier, que cresceu numa propriedade rural na região do Allgäu e, em consequência, desde a infância esteve profundamente ligado à natureza. No seu diário, ele narra, no dia 28 de junho de 1968:

> Junto à vegetação que separa um terreno do outro, no meio da grama, vi bem na minha frente o pequeno buraco redondo no chão, vi quando uma formiga-leão, há pouco ainda meio escondida, surgiu do nada, agarrou uma formiga e a arrastou por cima da areia fina do pátio até a sua cova. "O senhor viu isso?", perguntei ao teólogo que estava sentado do meu lado. "Ver o quê?" – "Isso ali", apontei com o dedo, "a formiga-leão! Quando vejo algo assim, não consigo deixar de pensar em Deus." – "Deus? O que esse inseto predador tem a ver com Deus?" – "Isso eu não sei, mas algo dentro de mim diz que Deus tem algo a ver com ele." – "Ah, essas tuas ideias esquisitas sobre Deus! De novo, isso já está se tornando crônico; há pouco o senhor ficou parado diante de uma margarida." – "Pois fique ciente de que ainda estou parado lá..."
>
> (STIER, p. 116.)

Enquanto Stier fica parado cheio de admiração diante da margarida e contempla a beleza da criação, o teólogo passa por ela sem lhe dar atenção. Esse passar sem dar atenção à beleza da criação constituiu, em última análise, a razão da destruição do meio ambiente. Só muito lentamente estamos nos recuperando dessa visão puramente racional das coisas. O deslumbramento diante da beleza presente na criação leva a uma nova relação com a criação e a uma maneira atenta de lidar com ela. E é expressão de uma piedade profunda. Pois não perceber nem exaltar a beleza da criação significa, em última análise, não perceber Deus que sempre é também – como canta Ângelo Silésio seguindo o exemplo de Santo Agostinho – a "beleza bem-aventurada".

Para Fridolin Stier, a beleza do mundo não é uma beleza romântica, estética, mas com bastante frequência também a "beleza terrível" da qual fala Rilke. Apesar de todas as catástrofes naturais, transparece essa beleza da criação. É o que mostra um fragmento de seus registros diários no dia 30 de junho de 1970:

> O agricultor (Ambros Diem) no seu leito de morte: "Sabes que, quando penso nas alvoradas de verão, com a gadanha nas costas, a botija de mosto na mão, campo afora, o sol, o orvalho cintilante na grama, os pássaros cantando, céu e mato... Muitas vezes dava vontade de gritar de alegria!" E: "Foi então que percebi que havia algo mais"*
>
> (STIER, p. 121.)

---

* As duas últimas frases constam em dialeto suábio: "Do hätt' i denn oft grad juzga kenna!" e "Do hon e gemerkt, dass do no ebbes ischt" [N.T.].

Karl-Josef Kuschel vê condensadas nessa breve citação toda a espiritualidade e teologia de Fridolin Stier:

> No agricultor Ambros Diem, encontra-se retratado todo o passado de Fridolin Stier, seu torrão natal, seu amor pelos animais e pelas paisagens. A citação em dialeto (algo raro em Stier!) preserva um pouco da calidez do seu lar, um pouco de aconchego, de enraizamento no solo e na paisagem. Aqui Stier expressou o mistério de sua fé – ocultando-o no agricultor das regiões altas da Suábia: uma espécie de confiança na existência, apesar de todas as experiências de crise; um enamorar-se da criação, apesar de todas as catástrofes; uma experiência do "algo mais", apesar de e em meio a toda negatividade.
>
> (STIER, p. 121.)

Quando se compara essas experiências de Fridolin Stier com as declarações da teologia evangélica sobre a beleza da criação, percebe-se bem a diferença. Na maioria dos teólogos evangélicos, tem-se a impressão de que a beleza da criação só pode ser percebida corretamente quando se crê em Jesus Cristo. Não se pode falar sobre a beleza da criação sem pensar imediatamente na culpa que foi eliminada por Cristo. Adverte-se contra apreciar a bela criação, porque isso poderia levar a esquecer de Jesus Cristo.

Nesse caso, tenho maior afinidade com a relação primitiva com a natureza que ganha expressão nos pensamentos de Stier. Em suas anotações, Stier também fala seguidamente do sofrimento, da escuridão e da ausência de Deus, da incompreensibilidade de Deus. Mas no momento em que ele se encontra em meio à natureza e contempla os prados pelos quais passeia tem certeza do seu Deus. No entanto, ele não entende esse Deus que, de um lado, criou essa maravilhosa paisagem e, por outro lado, permite que um jovem pai de família morra de câncer. Mas ele não pensa em pecado e culpa quando fica parado diante de uma margarida para admirar sua beleza.

Atualmente muitas pessoas vivenciam a beleza de Deus na natureza e são profundamente tocadas por ela. Citarei apenas o exemplo do compositor francês Claude Debussy. Ele não se considera um cristão praticante, mas experimenta a natureza de um modo que só pode ser caracterizado como religioso:

> Diante do céu em movimento, cujas belezas maravilhosas e em constante variação passo horas admirando, uma emoção indescritível toma conta de mim. A natureza imensurável reverbera na minha pobre alma faminta em busca da verdade. Aqui estão as árvores, estendendo seus braços para as alturas do céu, ali as flores perfumadas, sorrindo nos prados, acolá a terra, adoravelmente enfeitada com viçosas plantas. E imperceptivelmente as mãos se juntam em devoção. Sentir a natureza convidando suas criaturas efêmeras e trêmulas para espetáculos tão comoventes e portentosos é o que chamo de rezar.
>
> (DEBUSSY, p. 304.)

Muitas pessoas em sua busca espiritual fazem hoje experiências parecidas na natureza. Como cristãos e sobretudo como pregadores só proclamaremos com credibilidade a mensagem cristã se fizermos experiências parecidas na natureza com todos os nossos sentidos. Não deveríamos contrapor como alternativas a experiência espiritual na liturgia, na meditação, na leitura da Bíblia e o arrebatamento que sentimos diante da natureza. As duas coisas andam juntas.

Eu próprio, ao caminhar em meio à natureza, alegro-me com a beleza de Deus que nela se torna visível. Nesse momento, não reflito sobre a redenção. Muito antes, sou grato pelos campos que avisto, pelo panorama que se descortina diante de mim, pelas montanhas que se alteiam à minha frente, pela tranquilidade que a paisagem irradia. Na beleza da paisagem, encontro-me com Deus. Simplesmente deixo que a beleza me envolva. E sinto como isso faz bem à minha alma e ao meu corpo.

Na natureza, sinto-me acolhido porque ela não avalia. Ela tem algo de maternal. E nela intuo que a bênção de Deus me envolve sempre e em toda parte como um manto protetor. A criação é a grande bênção de Deus para nós. Deveríamos desfrutar dela com gratidão. A culpa do ser humano não prejudicou a beleza da criação. Ela consiste simplesmente em que o ser humano não percebe a beleza da criação, em que ele não fica deslumbrado com a beleza, mas usa a criação para seus próprios fins e com bastante frequência abusa dela para isso. Mas a culpa do ser humano não é capaz de destruir a criação. A criação é mais forte. Ela repetidamente se manifesta quando as pessoas violam a natureza. Ao olhar espoliador da natureza é preciso contrapor a visão contemplativa capaz de perceber o belo na natureza. É preciso ter um olho capaz de admirar e um coração aberto. Então a beleza da criação fará bem à nossa alma e ao nosso corpo.

Sinto-me interiormente renovado após um passeio tranquilo pela natureza num dia ensolarado de maio. Percebo que a beleza tem um efeito curativo sobre mim. Durante as férias, nas longas caminhadas pelos Alpes com meus irmãos, desfruto a paisagem ampla, a vista das maravilhosas montanhas. Consigo apreciar essa vista com toda calma. Deixo a paisagem penetrar em mim como uma imagem que se "i-magina" dentro de mim. Percebo que imagens belas tomam forma dentro de mim e me põem em contato com a beleza que já está preparada no fundo da minha alma, mesmo que frequentemente ela esteja encoberta e obstruída por imagens negativas.

6
A beleza da linguagem

Quando leio os escritos de Romano Guardini ou do papa emérito Bento XVI, tenho esta sensação: é uma bela linguagem. Ao ler os escritos teológicos de Karl Rahner tenho, antes, esta impressão: é uma linguagem complicada. Nas suas meditações, em contraposição, admiro sua bela linguagem.

O que torna a linguagem bela? É apenas a minha impressão pessoal? Ou existem critérios objetivos? Penso que uma linguagem é bela quando é clara e simples sem ser banal, quando deixa em aberto o mistério, quando não é demasiadamente insistente, ruidosa, exagerada, mas confere expressão às coisas como elas são.

Philipp Harnoncourt, professor de ciência litúrgica em Graz, contou na *laudatio* que proferiu por ocasião da entrega do Prêmio Guardini ao seu irmão Nicolau, o grande regente, o quanto ele, no seu tempo de estudante, havia admirado a linguagem de Guardini. O que era tão belo nessa linguagem? Harnoncourt diz:

> Sua argumentação clara, suas formulações precisas e a renúncia a toda e qualquer firula espetaculosa. Senti-me tocado por seu permanente deslumbramento diante da amplidão imensurável de toda realidade. Ele captou com o coração o que passou adiante.

(*Zur Debatte*, vol. 4, 2012, p. 2.)

Portanto, a linguagem é bela quando é simples, quando tem sensibilidade para o mistério, quando faz jus às coisas das quais fala, e – quando vem do coração.

A bela linguagem de Friedrich Hölderlin

Diz-se que Friedrich J.C. Hölderlin tinha a mais bela linguagem dentre todos os poetas alemães. Entretanto, não quero analisar aqui a beleza da linguagem de Hölderlin, mas considerar a sua própria postura em relação à beleza, seu esforço por conferir expressão à beleza do ser por meio de sua linguagem.

Característico da compreensão que Hölderlin tinha do belo é a conjunção de sagrado e belo. Hölderlin ressaltou constantemente que o sagrado sempre é também o belo. Para ele, a glória é a unidade do sagrado e do belo. Para ele, a religião é amor à beleza. Sagrado, para Hölderlin, não é só Deus, mas tudo o que espelha a sua santidade, ou seja, a natureza, o sol, a luz, as estrelas, o vale, a videira. E sagrado é o ser humano:

> Pois um Deus nos governa.
>
> (HÖLDERLIN. *Der Abschied [A despedida]*.)

O ser humano contempla esse sagrado e belo quando entra em contato com seu íntimo. No íntimo, o ser humano se devota ao milagre e ao mistério do ser, ali ele experimenta um toque de Deus.

Hölderlin fala do

> sagrado silêncio no imo, onde se escuta até o mais suave dos sons [...] ali ele, o Invisível, está bem próximo de nós.
>
> (HÖLDERLIN. *Fragment von Hyperion [Fragmento de Hipérion]*.)

Hölderlin entende sua vida de poeta como existência sacerdotal. Como poeta, ele necessita de pureza interior para expressar as coisas com a mesma beleza e clareza com que elas correspondem, em sua essência, ao puro ser. Ele entende seu poetar como celebração, e sobretudo como gratidão: *agradecer de coração por tudo o que está aí.* E seus poemas são, no fundo, uma espécie de oração. Assim, eu gostaria de citar um trecho do poema *Deus da juventude*, no qual Hölderlin expressa o que está em jogo na fé:

> Se, no interior do belo onde
> o divino se esconde,
> saciado muitas vezes ainda for
> teu anseio profundo por amor,
> os labores do coração premiará
> da quietude o pressentimento,
> e em melodias ressoará
> da alma o instrumento.

Aqui Hölderlin faz quatro enunciados sobre o belo:

O primeiro é este: Deus se esconde no belo. O belo é, portanto, o lugar da presença de Deus neste mundo. Mas é preciso ter fé para conseguir identificar e contemplar Deus em tudo o que é belo. O belo se torna, para Hölderlin, o lugar da experiência de Deus.

O segundo enunciado é: no belo, é saciado nosso anseio por amor. O belo não só desperta nosso anseio por amor. Ele também o sacia. No belo, sentimos o amor. Nele, o amor de Deus vem ao nosso encontro. Mas tudo o que é belo também está, por si só, repleto de amor. Uma pessoa bela reflete amor. Mas também a bela paisagem, a bela flor estão impregnadas de amor. Teilhard de Chardin fala da amorização: toda a matéria está impregnada de amor. Na beleza do mundo, o amor vem ao meu encontro como um poder que é mais forte do que a morte, e como uma energia que sacia meu mais profundo anseio por felicidade e lar.

O terceiro enunciado: a beleza nos presenteia quietude interior. No belo, podemos descansar. Contemplamos o belo e esquecemos toda inquietação interior. O belo é um refúgio da alma, no qual ela repetidamente pode se recolher para repousar do ruído do mundo e também da correria e inquietação, nas quais se perde a beleza.

E, por fim, o quarto enunciado diz: o belo faz ressoar o instrumento de cordas da alma. O sentido disso decerto é que a beleza, que percebemos fora de nós, põe-nos em contato com a beleza interior. O belo não toma forma só na nossa alma, mas também repercute em nossa alma e faz a alma emitir tons.

Com seus poemas, Hölderlin quer despertar em nós o anseio pelo belo e o anseio pelo amor, para que descubramos o próprio Deus em tudo que vemos. Este é, no fundo, o mistério de sua bela linguagem: através de sua linguagem ele nos transmite não só beleza, mas também amor. No final das contas, só tem uma bela linguagem o autor que ama os seres humanos.

Na linguagem de Hölderlin, sinto seu profundo amor pela vida e pelo ser humano e sua admiração pela beleza de Deus que ganha expressão na natureza. Através da beleza da natureza que pode ser experimentada na linguagem de Hölderlin, entramos em contato com o amor que brota como fonte do fundo da nossa alma. Hölderlin expressa isso da seguinte maneira em seu poema *À natureza*:

> Ó natureza! Da tua beleza o fulgor,
> Faz amadurecer ao natural
> Os régios frutos do amor,
> Como as colheitas da Arcádia.

Na beleza da natureza, amadurecem dentro de nós os frutos do amor que nutrem todos aqueles com quem nos encontramos. A natureza não faz exigências de amor. Ela faz o amor crescer e amadurecer em nós, para que nos tornemos alimento e bênção para outros. Hölderlin pranteia sua juventude, na qual ele se voltara com todos os seus sentidos para a natureza, desfrutando sua beleza. Na natureza, ele encontrou, como consta mais adiante em seu poema, "um mundo para o meu amor". E: "Dias áureos ali me abraçaram".

A sensibilidade linguística de Peter Handke

Quem escreveu, embora de um modo mais profano, sobre a beleza da linguagem, em nossa época, foi o poeta austríaco Peter Handke, natural da Caríntia. Aos 24 anos de idade, o jovem poeta e fã dos Beatles foi convidado para uma jornada do Grupo 47, que teve lugar no ano de 1966, em Princeton, nos Estados Unidos.

O jovem e desconhecido poeta pediu a palavra. Ele dirigiu sua crítica sobretudo contra os autores neorrealistas, a exemplo de Günter Grass ou do papa da literatura Marcel Reich-Ranicki. Ele achava

> que a forma da prosa alemã atual seria terrivelmente convencional, sobretudo no que se refere à construção frasal, ao gestual da linguagem, que ela careceria de toda e qualquer reflexão.
>
> (HÖLLER, p. 42.)

Nos autores de renome ele critica a "impotência descritiva". Günter Grass e Marcel Reich-Ranicki nunca o perdoaram por isso. Grass critica em Handke o intimismo e a mimosa sensibilidade linguística.

Mas Handke não se abalou com essa crítica. Ele achava que uma descrição digna desse nome deveria evidenciar o que está por trás das coisas, o aspecto misterioso oculto em todas as coisas, e fazer brilhar o belo. Apenas descrever as coisas não seria o bastante; seria preciso refletir, meditar sobre elas, penetrar no fundo delas. Inerente a uma compreensão de reflexão é

> que a literatura é feita com a linguagem e não com as coisas que são descritas com a linguagem.
>
> (HÖLLER, p. 43.)

O seu próprio esforço está voltado para descrever não só as coisas, mas também aquilo que está por trás das coisas. Ele quer alçar à condição de palavra aquilo que as coisas nos dizem. Ele próprio resume isso mais tarde nos seguintes termos:

> Empenhando-me pelas formas para constituir minha verdade, viso à beleza – à beleza que abala, ao abalo produzido pela beleza e, portanto, ao clássico, ao universal.
>
> (HÖLLER, p. 82.)

Handke escreve de tal modo que a beleza inerente às coisas toque as pessoas, não no sentido de embalá-las, mas de abalá-las. A beleza abala nossa maneira habitual de pensar. Ela produz uma agitação dentro de nossa alma, para que abramos os olhos e olhemos o mundo como ele é na realidade, em sua beleza abissal.

Para Handke, não se trata de descrever corretamente as coisas, mas de conectar a realidade do mundo com as imagens interiores do ser humano, com seus sonhos. É por isso que ele fala da "inimagem" ("*Inbild*") ou "intimagem" ("*Innenbild*") que está dentro dele e que ele conecta com a realidade, para, desse modo, descobrir a verdade da realidade. Ele descreve assim a sua tarefa de escritor:

> Meu esforço e minha labuta, ao mesmo tempo minha alegria, nada mais visam que corresponder com a linguagem, com a linguagem mais clara e pura possível, ao que vejo e, ao mesmo tempo, vivencio profundamente.
>
> (HANDKE. *Aber ich lebe nur*, p. 31.)

A linguagem clara e pura não se ganha de presente. É preciso empenhar-se constantemente por ela, sempre como que procurando a chave que descerra e revela o que está oculto nas coisas. A linguagem deve corresponder ao ser, o ser deve conduzir à linguagem.

Linguagem literária e linguagem da pregação

Sinto falta, hoje em dia, em muitas pregações e na organização dos cultos divinos, do cuidado com a linguagem. Frequentemente não se sente mais o esmero pela beleza. Porém, se a linguagem não é bela, se não estiver impregnada de amor e se não tiver senso para o que está por trás de todas as coisas, Deus não consegue se fazer ouvir por meio dessa linguagem. Nesse caso, a beleza não é transmitida, mas obstruída. Deus é obscurecido por uma linguagem demasiado piedosa ou carregada, mas também por uma linguagem banal que fala sobre Deus como se Ele fosse um objeto a respeito do qual os meios de comunicação pudessem espalhar uma notícia. A linguagem eufórica que constantemente delira a respeito da beleza de Deus, obstrui a verdadeira beleza de Deus tanto quanto uma linguagem puramente racional e intelectual.

Ninguém dispõe por si só de uma bela linguagem. É preciso empenhar-se constantemente por uma linguagem que seja bela e simples, clara e despojada. É preciso esforçar-se por uma linguagem que faça soar as coisas como são, uma linguagem repleta de amor e que não almeje tornar a si mesma interessante, colocar a si mesma no centro das atenções.

De acordo com Hölderlin, só é bela a linguagem que sacia o anseio por amor. E, segundo Handke, a linguagem torna-se mais bela quando faz soar o que está por trás de todas as coisas que descrevemos.

A linguagem usada no culto divino, na pregação, necessita do senso para o mistério. Ela não deve falar de Deus como se soubesse exatamente do que está falando. A arte consiste, muito antes, em manter o mistério em aberto por meio da nossa fala e fazer as pessoas entrar em contato com o mistério de sua própria alma. Trata-se de falar uma linguagem que põe as pessoas em contato com a beleza e o amor que já se encontram no fundo de sua alma, mas que repetidamente precisam ser trazidos à consciência – por meio de palavras.

7
A beleza da música

Sobre a beleza da música os gregos da Antiguidade já refletiram. O sentido propriamente dito com que percebiam a beleza era a visão. Mas a audição também é disposta para o belo. Foi principalmente o filósofo e matemático Pitágoras que vinculou a beleza com a audição. Ele escreveu sobre a beleza da música. Para ele, o número é o princípio fundamental de todas as coisas:

> Todas as coisas existem porque possuem uma ordem e elas estão ordenadas porque nelas se realizam regras matemáticas que, ao mesmo tempo, são condição da existência da beleza.
>
> (ECO, p. 61.)

Assim, Pitágoras investiga as proporções dos intervalos e a inter-relação matemática dos tons.

O filósofo cristão Boécio transmitiu à Idade Média o saber de Pitágoras sobre a harmonia musical como expressão da beleza. Ele pensa que, para os pitagóricos, os diferentes modos musicais têm efeitos diferenciados sobre a psique humana. Eles conhecem ritmos fortes e moderados, suaves e lascivos. Boécio relata:

> Pitágoras havia tranquilizado e novamente trazido a si um jovem embriagado, servindo-se de uma melodia cantada no modo hipofrígio e no ritmo espondaico (visto que o modo frígio o irritava). Os pitagóricos se deixavam ninar por determinadas melodias arrastadas para amenizar a inquietação do dia; ao despertar, eles sacudiam o torpor por meio de outras modulações.
>
> (ECO, p. 63.)

Boécio acha que ninguém consegue esquivar-se do embevecimento de uma suave melodia. E ele confirma o parecer de Platão,

> de que a alma cósmica consiste de uma harmonia musical.
>
> (ECO, p. 62.)

Para Platão, portanto, a educação pela música é salutar para a pessoa jovem,

> porque o ritmo e a harmonia são os que mais fundo penetram no íntimo da alma e mais fortemente tomam conta dela, propiciando boas maneiras e decência.
>
> (O'DONOHUE. *Landschaft der Seele*, p. 90.)

Na Idade Média, João Escoto Erígena assume essa visão. Ele fala da beleza musical do mundo e

> da beleza da criação como consonância do semelhante e do dessemelhante numa harmonia, na qual os tons individuais por si sós nada significam, mas unidos num só concerto compõem uma eufonia natural.
>
> (ECO, p. 83.)

O que os gregos e a Idade Média escreveram sobre a beleza da música que retrata as proporções deste mundo, foi realizado por Johann Sebastian Bach em sua música. Ele desejou expressar por meio da sua música a ordem preestabelecida da criação e, desse modo, colocar o ser humano em contato com o seu arquétipo, a imagem fiel de Deus. Isso exerce um efeito curativo sobre o ser humano. Isso afugenta sua preocupação e o enche de alegria. Bach também transpôs a cruel paixão de Jesus para tons agradáveis. Por meio da beleza da música da paixão ele transforma o cruel em algo que cura, converte o odioso/feio em algo belo. E, por meio da música a paixão de Jesus se converte em expressão do seu amor, como entoa a ária para soprano na *Paixão de Mateus*: "É por amor que quer morrer meu Salvador". E, assim, a *Paixão de Mateus* pode terminar em um coral que parece uma canção de ninar.

Joseph Haydn conscientemente compôs "bela" música. No seu oratório *A criação*, ele expressou a beleza da criação por meio da bela música. A exemplo de Bach, ele também interpretou a paixão de Jesus por meio de uma bela música e, por essa via, transformou a crueldade da paixão.

Muitas vezes já proferi as meditações que acompanham a maravilhosa música *As sete últimas palavras do nosso Salvador na cruz*. Nesse oratório, torna-se audível a profunda fé do compositor. A bela música converte as palavras de Jesus em expressão de seu amor por nós e em expressão de nossa esperança de que a nossa própria morte seja acolhida pelo amor de Deus. A música transforma até mesmo o brado "Meu Deus, meu Deus, por que me abandonaste?", dado por Jesus na cruz, em sinal de profunda confiança de que todo o nosso desespero é suspenso pela misericórdia de Deus. E as últimas palavras de Jesus no Evangelho de

Lucas – "Pai, em tuas mãos entrego o meu espírito" – são tocadas pelo quarteto de cordas numa melodia tão maviosa e bela que é possível sentir no coração o amor de Pai e Filho. A música de Haydn transforma a crueldade da morte em algo belo. É bonito entregar-se com Jesus nas mãos carinhosas de Deus.

Hoje sentimos que a música de Mozart é bela. Karl Barth, o grande teólogo evangélico, pensava que a música de Mozart pertence à teologia, mais exatamente, na teologia da criação, pois, em sua música, ressoa algo da boa e bela criação. Hans Urs von Balthasar vê em Mozart

> a revelação definitiva, que transcende qualquer despedida, da beleza eterna em um corpo terreno autêntico.
>
> (ZSOK, p. 129s.)

E o compositor russo Peter Tchaikovsky escreve o seguinte sobre Mozart:

> Mozart era puro como um anjo e sua música é rica em beleza divina.
>
> (ZSOK, p. 298.)

Mozart quis conscientemente compor bela música. Mas sua música não visa apresentar um mundo perfeito. O que ele queria por meio da beleza da música era transformar tudo o que há no ser humano: a tristeza, a decepção, a dor e também o mal. Assim, na sua opinião, até mesmo as árias para pessoas perversas devem ser compostas em belos tons – como, por exemplo, no caso de Osmin, o guarda do harém, em *O rapto do serralho*. O próprio Mozart escreve isto ao seu pai:

> Todavia, as paixões, intensas ou não, jamais precisam ser expressas até provocar náusea e a música, mesmo na situação mais horrenda, jamais deve ferir o ouvido, mas proporcionar-lhe entretenimento, ou seja, permanecer música o tempo todo; por isso, não escolhi um tom que destoa do fá (o tom da ária), mas um tom harmônico, não o mais próximo, que seria o ré menor, mas um mais distanciado, o lá menor.
>
> (ZSOK, p. 150.)

Fazendo soar até mesmo a ária de uma pessoa perversa com belos tons, o mal é transformado e, no fundo, é privado do seu poder. Quando até pessoas más cantam belas melodias, o mal perde seu poder sobre elas. Ele é suspenso em um amor que é maior do que todo o sofrimento e todo o mal. Trata-se de uma teologia otimista. Na música de Mozart, torna-se realidade o que Dostoiévski tinha em mente com sua frase: "A beleza salvará o mundo". O compositor Hans Werner Henze pergunta-se o que expressa a música de Mozart e responde o seguinte:

> É o antigo triunfo da beleza sobre a insuficiência, em que o inalcançável se tornou alcançável, a perfeição se alteia sobre a vida.
>
> (WALTER, p. 42.)

Gosto muito de ouvir música no carro nas longas viagens até os locais em que dou palestras. Ouço com frequência as cantatas de Bach, mas às vezes também música instrumental de Mozart ou então suas óperas. Nessas ocasiões, sinto como a música afugenta aos pensamentos e sentimentos negativos que trago em mim e me enche de um humor alegre e confiante.

Também gosto de ouvir a música eclesiástica de Mozart. Quando ouço, por exemplo a *Missa da coroação*, fico profundamente comovido com a beleza do *Benedictus qui venit*. Consigo sentir que, para o compositor, a vinda de Jesus na Eucaristia é algo tão belo que sacia seu mais profundo anseio por vida e amor.

Mozart usou para o *Agnus Dei* a mesma melodia que usara para a ária da condessa em *As bodas de Fígaro*. Nessa ária, a condessa canta o seu amor com tanto sentimento que não se trata só do amor pelo seu marido, mas ela expressa o próprio amor em sua verdadeira essência. No *Agnus Dei*, Mozart sentiu o amor de Jesus que leva embora os nossos pecados e nos enche de uma paz profunda. Nele, a beleza e o amor se tornam audíveis.

Há quem pense que Mozart compôs a música eclesiástica apenas por dever, como que por encomenda dos seus clientes eclesiásticos, que estavam em condições de exercer pressão financeira sobre ele. Mas quando ouço as missas compostas por ele, sinto o quanto ele estava imbuído daquilo que ele transpôs para notas musicais. Deparo-me, nessa bela música, com uma espiritualidade que apreendeu a essência cristã: que em Jesus o amor de Deus se tornou visível e palpável, que a Eucaristia é o advento desse amor em nossos corações e que esse amor é, ao mesmo tempo, beleza, que ele torna nossa alma bela. Desse modo, Mozart mostra uma profunda espiritualidade. Mais profunda do que quaisquer explicações da Eucaristia por meio de palavras piedosas, para as quais, no entanto, a essência permanece oculta. Mozart compreende e torna compreensível que, na Eucaristia, Jesus reiteradamente vem até nós, para encher nossos corações com seu amor e transformá-los. Com o amor que atingiu seu brilho máximo em sua entrega na cruz.

A beleza da encarnação ganha expressão perfeita no *Et incarnatus est* da missa em dó menor. É uma beleza que interconecta céu e terra, Deus e ser humano.

O poeta irlandês John O'Donohue chama a música

> um dos mais belos presentes que o ser humano trouxe à Terra. Na música verdadeiramente grandiosa, o antiquíssimo anseio da Terra ganha voz. [...] Ela talvez seja a arte que mais nos aproxima do eterno, porque ela modifica nossa vivência do tempo de modo imediato e irreversível. Quando escutamos bela música, ingressamos na dimensão temporal da eternidade.
>
> (O'DONOHUE. *Landschaft der Seele*, p. 93.)

A música nos conecta com a Terra, faz soar – como já opinou Pitágoras – de maneira nova a velha música das esferas, que sempre já se fez ouvir na Terra. Mas, ao mesmo tempo, a música é um portal para o céu. Não é para menos que falamos de música divina, de música que nos encanta, que nos fascina com sua beleza e nos dá uma noção do céu. O'Donohue expressa isso assim:

> Quando escutamos de verdade a música, soltamo-nos deste mundo e entramos em outro mundo. Sob a égide da música, coisas que no cotidiano jamais sentiríamos ou perceberíamos passam a ocupar os domínios do possível. [...] A música nos transmite uma sensação profunda de proteção e segurança, que em certas épocas pode até nos abraçar de modo mais íntimo e nos tocar de modo mais profundo do que uma pessoa amada.
>
> (O'DONOHUE. *Landschaft der Seele*, p. 90.)

Muitas investigações psicológicas entrementes confirmaram que a bela música é salutar não só para os nossos ouvidos, mas também para nossa alma e nosso corpo. Mas a investigação não me ajuda muito. Quando me concentro totalmente na música de uma cantata de Bach ou de uma sinfonia de Mozart, esqueço todas as fundamentações do efeito salutar de bela música. Simplesmente me entrego à música. Lanço-me para dentro dela e, ao mesmo tempo, deixo que ela penetre em mim. Sinto, então, o bem que ela me faz. Ela me liberta de toda necessidade de girar em torno de mim mesmo e dos meus problemas. Ao ouvir a bela música, consigo esquecer a mim mesmo e minha alma mergulha na beleza. Ela é a promessa de que toda a minha vida, por mais dilacerada e fragmentada que momentaneamente possa estar, será una, preservada na beleza divina.

8
A beleza das artes visuais

Platão entende a arte como imitação da natureza. Nela, a arte tenta criar como ideias perfeitas as ideias de Deus que na natureza frequentemente assumiram forma apenas imperfeita. Aristóteles vê a arte de uma maneira um pouco diferente. Para ele, a arte completa aquilo que, na natureza, permaneceu incompleto. A palavra alemã para arte, *Kunst*, deriva do verbo *können* (poder). Ela visa, portanto, sobretudo, à habilidade que Deus deu ao ser humano. Na tradição filosófica, diferencia-se o belo da natureza e o belo da arte. A arte tem a tarefa de criar coisas belas. Essa tarefa lhe foi dada como capacidade de participar do poder criador de Deus e de expressar a beleza de Deus na obra de arte.

Admiramos não só a beleza da criação. O próprio ser humano é capaz de criar coisas belas. Ao fazer isso, ele não se volta contra a natureza, mas recorre a elementos da natureza para realçar sua verdadeira beleza e conferir-lhe expressão ainda mais clara. Isso vale não só para a beleza humana, mas também para a beleza de uma paisagem ou de uma natureza morta, na qual brilha a verdadeira beleza de um vaso ou de uma maçã.

A beleza na arquitetura

Estamos constantemente construindo e reformando o nosso mosteiro. Para mim, como celereiro, ou seja, como diretor financeiro do mosteiro, é importante que não façamos construções dispendiosas, que não ostentemos edifícios suntuosos. Mas é preciso ter uma cultura da construção. Estou satisfeito com dois arquitetos com os quais trabalhamos e que têm um senso para o belo. Quando os recintos ficam mais belos, eles também fazem bem para as pessoas. Vivencio isso quando passo por mosteiros decaídos ou que não são agradáveis devido ao seu estilo. O clima gerado por uma construção pode ter sobre nós um efeito salutar ou insalubre, deprimente ou estimulante. Muitas vezes, estamos cegos para a irradiação dos nossos recintos. Às vezes os entupimos de coisas e não percebemos como restringimos a nós mesmos. Às vezes as formas não são claras.

No seu livro *A inospitalidade das nossas cidades* (1965), Alexander Mitscherlich lamentou do modo como, na Alemanha e em outros lugares, foram construídas cidades na década de 1960. A seu ver, as cidades antigas tinham alma (MITSCHERLICH, p. 19). Elas transmitiam aconchego e proteção maternais:

> A cidade se converte em manto confortante em horas de desespero e em cenário cintilante em dias de festa.
>
> (MITSCHERLICH, p. 31.)

No entanto, as cidades atuais são inospitaleiras e desalmadas. Isso faz efeito sobre as pessoas que nelas residem. Elas se tornam interiormente deprimidas e acabam marcando passo. Elas não estão envolvas em beleza e sentido, mas imersas no vazio e na funcionalidade. O efeito disso sobre as pessoas é que elas têm a sensação de que o mais importante no ser humano é que ele funcione. Mitscherlich deplora o modo de construir nos Estados Unidos. Ele fala de uma homogeneização das unidades habitacionais e ao mesmo tempo dos seres humanos,

> que torna um continente inteiro extremamente disponível e grandiosamente monótono.
>
> (MITSCHERLICH, p. 34.)

Quando as cidades são construídas sem fantasia e obedecendo unicamente ao critério da funcionalidade, perdem-se a cultura, a pátria e a sensação de estar em casa. O modo como construímos cidades tem efeito sobre as pessoas.

O chamamento de Mitscherlich não deixou de ser ouvido. Hoje muitas pessoas desenvolvem mais fantasia para devolver às suas cidades uma alma.

O autor irlandês John O'Donohue traduz a palavra grega "*architékton*" por "tecer uma ordem superior". Ele pensa que a arquitetura está imbuída

> do desejo de morar na beleza.
>
> (O'DONOHUE. *Schöknheit*, p. 164.)

A arquitetura satisfaz esse anseio de morar na beleza, espelhando a ordem interior da natureza. Sentimos em um prédio se ele evidencia algo dessa ordem interior ou não. Sentimo-nos bem e realmente em casa, quando esta possui uma proporção harmônica e ostenta o ritmo da natureza.

Goethe chama a arquitetura de "arte tonal emudecida" (O'DONOHUE. *Schönheit*, p. 165). Nela se faz ouvir uma melodia inerente à natureza e que faz bem à alma dos seres humanos que nela residem, que faz com que o belo penetre neles. Em contraposição, construções feias e um entorno urbano feio enfraquecem a alma e a prejudicam (O'DONOHUE. *Schönheit*, p. 68).

De acordo com Ernst Bloch, as construções de um bom arquiteto são esperança edificada: esperança de beleza, esperança de pátria. Só quando uma edificação respira esperança, ela é valiosa e faz bem ao ser humano.

A pergunta, contudo, é esta: O que é belo na arquitetura? Também aqui a beleza certamente não é um juízo apenas subjetivo. Por exemplo, quando um recinto é construído conforme a proporção áurea, ele – curiosamente – é belo. Há de fato estruturas e formas objetivas que conferem beleza a uma construção. No entanto, também é preciso que haja arquitetos que tenham sensibilidade para o belo, que tenham um senso para como claridade, beleza e simplicidade podem se tornar visíveis.

Nas conversas com os nossos arquitetos no mosteiro, ficou claro para mim que beleza não é simplesmente um sentimento subjetivo. Ela surge, muito antes, quando uma ideia ganha visibilidade na forma exterior de uma edificação. É preciso refletir e meditar sobre o que queremos representar na arquitetura.

A beleza é algo espiritual. E é preciso ter espírito e sensibilidade para o fato de Deus falar a nós por meio das coisas exteriores. O próprio Deus é um artista que se esmerou na formação do mundo. Os construtores da Idade Média quiseram representar o mundo de Deus de uma nova maneira. Eles usaram os materiais que Deus lhes dera de presente: pedra, madeira, ouro e as mais diferentes cores, para, com tudo isso, fazerem seus enunciados sobre nossa relação com Deus. O romanismo representou as igrejas como útero. A beleza singela das igrejas românicas é um convite a sentir-nos acolhidos e protegidos em Deus como se nos encontrássemos em uma cavidade maternal. O estilo gótico representou a sublimidade de Deus e a amplidão do coração humano que gostaria de ser alçado até Deus para intuir o mistério de Deus. O período barroco conferiu expressão, em suas igrejas, à plenitude da vida. A beleza se torna visível na arquitetura e no colorido das igrejas.

Bela é toda igreja harmônica, que confere expressão adequada a uma ideia. E, sendo bela, seu efeito sobre nós é salutar. Sentimo-nos em casa em uma bela igreja. Gostamos de estar nela e entramos em contato com a beleza da nossa alma e com a beleza do nosso corpo.

A força transformadora das belas imagens

O que vale para a arquitetura, vale também para a pintura. Eu próprio mal consigo identificar as leis que fazem um quadro parecer belo. Na pintura moderna, com certeza há leis e tendências diferentes das que havia no passado. Mas quando contemplo os quadros de Fra Angelico, deparo-me simplesmente com o resplendor da beleza. Ou quando contemplo as imagens de Maria de Martin Schongauer, fico fascinado com a beleza desses quadros. Eu poderia ficar muito tempo diante dessas imagens. E sinto como me faz bem deixar que essas imagens atuem sobre mim.

Conheço pessoas sensíveis, para as quais sentar-se diante de um belo quadro constitui uma experiência espiritual profunda.

Um sacerdote me contou como era salutar para ele ficar sentado por duas horas diante da Madona de Matthias Grünewald em Stuppach e simplesmente desfrutar aquela beleza. Em meio ao seu dia a dia, ele precisa desses momentos de beleza, para entrar em contato consigo mesmo e não se deixar levar de roldão pela agitação de uma paróquia.

Tive uma noção de como a beleza das imagens é capaz de curar e transformar o ser humano ao ler o livro de Peter Handke com o título *A lição de Santa Vitória*. Nele, Handke trata seguidamente dos quadros de Paul Cézanne. Na opinião de Handke, Cézanne visa à

> concretização do terreno puro e inocente: da maçã, da rocha, de um rosto humano.
>
> (HANDKE. *Saint-Victoire*, p. 21.)

Quando o pintor chega a essa forma pura, seus quadros transmitem o "ser na paz" (HANDKE. *Saint-Victoire*, p. 21). Diante de um quadro de Cézanne, Handke reage com estas palavras:

> O quadro começa a tremer. […]
> Poder louvar e exaltar alguém me liberta.
>
> (HANDKE. *Saint-Victoire*, p. 36.)

Quando ficamos tão fascinados por um quadro como o autor nesse livro, o quadro produz em nós libertação interior. E sentimos dentro de nós o ímpeto de louvar e exaltar alguém. No final das contas, nosso louvor é dirigido a Deus. Mas Handke não diria isso tão expressamente.

Outro efeito das belas imagens é que "o lado bom do eu" pode soerguer-se por meio delas (HANDKE. *Saint-Victoire*, p. 80). O próprio Handke não se caracteriza como crente, nem quando era criança nem quando adulto. Mas ele vê dentro de si algo semelhante à fé:

> Mas já não houve bem cedo na minha vida uma imagem das imagens?
>
> (HANDKE. *Saint-Victoire*, p. 83.)

E então ele conta sua experiência como criança na igreja:

> Essa imagem foi uma coisa dentro de um determinado recipiente posto num vasto recinto. O recinto era a igreja paroquial, a coisa era o cálice com as oblatas brancas que, depois de consagradas, se chamam hóstias, e o recipiente era o tabernáculo dourado, embutido no altar e que podia ser aberto e fechado como se fosse uma porta giratória. – Esse assim chamado "Santo dos santos" foi para mim, naquele tempo, a realidade das realidades.
>
> (HANDKE. *Saint-Victoire*, p. 83.)

Depois de distribuída a comunhão, o cálice com as hóstias era reposto dentro do tabernáculo. E então o sacerdote girava o tabernáculo até fechá-lo. Esse procedimento tornou-se para Handke uma imagem para os quadros de Paul Cézanne:

> E do mesmo modo vejo agora as "concretizações" de Cézanne (só que, em vez de ajoelhar-me, ponho-me de pé diante delas): transformação e resguardo das coisas

em perigo – não numa cerimônia religiosa, mas na forma da fé que era segredo do pintor.

(HANDKE. *Saint-Victoire*, p. 84.)

A missão do pintor – poderíamos concluir a partir desse texto – é a transformação da realidade. Como as palavras da transformação são ditas sobre o pão e o pão se torna corpo de Cristo, assim se pretende que as coisas que o pintor representa se transformem por obra de suas mãos e façam reluzir aquilo que é mais próprio, a realidade mais profunda, o mistério por trás de todas as coisas. A tarefa do artista consiste em resguardar as coisas em perigo. Se apenas lidarmos de modo desatento com as coisas, elas correm o risco de se transformarem em puros objetos de uso. Perdemos a visão para a beleza das coisas. Não só nós, mas também as coisas saem prejudicadas.

Nesse tocante, Peter Handke interpretou a palavra de Dostoiévski – "A beleza salvará o mundo" – de um modo bem peculiar. A beleza salva as coisas que estão em perigo de serem desprezadas, pisadas ou banalizadas. A beleza resguarda as coisas de serem subordinadas à pura utilidade.

Quando a redenção das coisas acontece pela arte, isso também tem um efeito transformador sobre o ser humano. Nesse caso, porém, não é o ato de ajoelhar-se, mas o ato de pôr-se em pé. O ser humano descobre na contemplação da beleza das coisas sua própria dignidade. E assim ele se põe de pé. Ele não precisa do apelo, mas põe-se em pé por sua própria iniciativa.

Rainer Maria Rilke vê mais o apelo a transformar-se do que o aspecto transformador da própria arte. Quando ele viu o torso de Apolo, ele sentiu em si o apelo para mudar sua vida. Ele sente que esse torso arde como um candelabro e cintila como o pelo de um predador. Nesse torso, uma estrela brilha para ele. Ele finaliza assim o poema:

> Pois ali ponto não há que não te vê.
> Tens que mudar tua vida.
>
> (RILKE. *Archaischer Torso Apollos*.*)

O poeta não olha para o torso como espectador. Antes, é o torso que olha para ele. E esse olhar vindo da estátua atinge o ser humano e o conclama a mudar sua vida. Se existe mesmo essa beleza do corpo como representada pelo escultor grego, precisamos mudar nossa vida. Então não podemos nos preocupar só com nossos problemas. Então é preciso que haja um novo cuidado em lidar com a beleza e uma nova gratidão.

O filósofo Hans-Georg Gadamer entende o efeito da arte a partir do mito grego que Aristófanes narra na obra de Platão intitulada *O banquete*. Originalmente os seres humanos eram entes redondos. Mas os deuses os cortaram ao meio por não terem se comportado direito:

> Agora cada uma dessas metades de uma esfera inteira de vida e existência procura seu complemento. O *sýmbolon toû anthrôpou* é que cada ser humano é como um fragmento; o amor é o cumprimento da expectativa de que existe o fragmento complementar, destinado a sanar [dita divisão].
>
> (GADAMER, p. 42.)

---

* Trad. literal. Cf. várias traduções rimadas para o português em https://gavetadoivo.wordpress.com/tag/torso-arcaico-de-apolo

O mito trata do amor. No amor, procuramos a unidade original. Mas Gadamer interpreta esse mito tendo em vista a arte. A arte é o fragmento que aponta para a totalidade original saudável.

> A experiência do belo, e especialmente do belo no sentido da arte, é a conjuração de uma ordem intacta possível.
>
> (GADAMER, p. 43.)

A partir disso, a arte tem para Gadamer sempre também um efeito curativo sobre o ser humano. Ela o aproxima de sua inteireza e torna a sua vida mais clara e mais luminosa:

> Depois de percorrer um museu, não se sai dele com o mesmo sentimento em relação à vida com que se entrou; quando de fato se teve uma experiência com a arte, o mundo se tornou mais luminoso e mais leve.
>
> (GADAMER, p. 34.)

Estilos da beleza

Em seu livro *A história da beleza*, Umberto Eco descreveu as diferentes concepções de beleza nas artes visuais. A arte plástica grega busca

> uma beleza ideal mediante a síntese de corpos vivos que expressam uma beleza psicofísica como harmonia de alma e corpo, ou seja, a beleza das formas exteriores e do psiquicamente bom.
>
> (ECO, p. 45.)

Para os gregos, a beleza sempre também está relacionada com amor. As musas – é o que conta Hesíodo – cantam nos casamentos a seguinte canção:

> Quem é belo é amoroso,
> quem não é belo não é amoroso.
>
> (ECO, p. 37.)

Para os filósofos gregos, a beleza sempre depende da harmonia e da proporção correta. Da proporção correta se trata na representação do corpo humano, mas também na arquitetura. A Renascença, que revivifica o ideal grego de beleza, fala da proporção divina que considera realizada no "corte de ouro" (ECO, p. 66).

Na opinião de Umberto Eco, a Idade Média redescobriu as cores como expressão da beleza. Em consequência, para Tomás de Aquino a *claritas*, o brilho das coisas, é parte essencial da beleza. Esse brilho é produzido pelas cores. A Idade Média joga com as cores primárias e, nesse jogo, produz luz própria (ECO, p. 100). Nessa luz, torna-se visível algo de Deus que é a luz por excelência. O próprio Jesus se denominou de a luz do mundo, como nos conta a Bíblia em várias passagens. Por meio dele, o mundo também adquire um novo brilho. Para Boaventura, a luz é o princípio de toda beleza. Ela é agradável e gratificante e permite perceber o mundo como algo belo e gratificante (ECO, p. 126).

A Idade Média, porém, não representa só pessoas santas, mas também o mal. Nas catedrais, monstros são representados nos capitéis das colunas. Os teólogos e místicos medievais acreditam que, na grande sinfonia da harmonia cósmica, os monstros também "contribuem para a beleza do todo" (ECO, p. 147). Assim, também se representa o feio e o mal para que, no contraste, o belo brilhe tanto mais. O teólogo medieval Alexandre de Hales fundamenta isso assim:

> O que se chama de mau é, na mesma medida, feio. [...] Ainda assim, vale isto: na medida em que o bom se desenvolve a partir do ruim, ele é chamado de bom, dado que está direcionado para o bem: e, consequentemente, ele passa a ser chamado de belo nessa ordem de coisas. Portanto, ele não é chamado de absolutamente belo, mas de belo dentro de determinada ordem, até talvez seja melhor dizer: essa ordem mesma é bela.
>
> (ECO, p. 149.)

Portanto, a Idade Média tinha uma visão bastante realista da beleza. A beleza não é um recorte do mundo. Ao contrário, nela o mundo inteiro tem lugar, inclusive o feio e o perverso. Mas quando representado, o feio é privado do seu poder. Os monstros são representados na igreja, dentro do recinto sagrado, para anunciar que eles foram acolhidos e curados pelo sagrado.

No século XV, modifica-se a concepção de beleza. De um lado, a beleza é compreendida como imitação da natureza e suas leis. Esse ideal de beleza pode ser observado sobretudo em Leonardo da Vinci. De outro lado, a beleza é vista "como contemplação da perfeição sobrenatural" (ECO, p. 176):

> A beleza suprassensível que se pode experimentar na beleza sensível (embora ela esteja acima desta) perfaz a verdadeira essência da beleza.
>
> (ECO, p. 184.)

Assim, Jan van Eyck de Flandres confere expressão à beleza suprassensível, envolvendo suas figuras com uma luz sobrenatural (ECO, p. 183).

Poderíamos continuar nosso périplo pelos séculos da arte ocidental e descobrir em toda parte um ideal de beleza um pouco distinto. No entanto, mais importante do que ter conhecimentos de história da arte é, para mim, a noção de que cada época entende beleza de um modo diferente. A beleza, portanto, não é algo fixo, mas o ideal sempre está vinculado às tendências da época. No entanto, em nosso tempo, estudos biológicos chegaram ao resultado de que, em todas as culturas, há critérios bem determinados que fazem com que um rosto humano pareça belo e ativam o sistema de recompensa no cérebro (cf. KANDEL, p. 438ss.).

> A biologia da beleza trouxe à tona a noção fascinante de que o ideal de beleza modificou-se surpreendentemente pouco no decorrer dos séculos e de uma cultura para a seguinte.
>
> (KANDEL, p. 444.)

A arte atual prefere ser cética quando se trata de representar o belo. Ela quer nos mostrar o mundo em seu estado dilacerado. Mas ainda hoje muitos artistas visam mostrar que, em meio ao mundo dilacerado, sempre há também lampejos do belo. O belo não é mais algo que se possa desfrutar em contemplação silenciosa, mas a promessa de que o mundo como ele é, com sua crueldade e às vezes com sua feiura, abriga dentro de si também o belo. E justamente a arte moderna, que representa o belo com tanta parcimônia, confirma, desse modo, a palavra de Dostoiévski: "A beleza salvará o mundo". Na beleza, resplandece o anseio por saúde e integridade, por coerência e permeabilidade.

9
A beleza da liturgia

A liturgia é glorificação de Deus, louvor a Deus. E a Eucaristia como ponto alto da liturgia cristã é ação de graças pelos benefícios de Deus ao ser humano. Para São Bento, a oração das horas é, antes de tudo, louvor ao Criador. O propósito do louvor ao Criador é espelhar a beleza da criação.

Mas quem quer louvar ao Criador precisa ter sensibilidade para a beleza do mundo. Ele precisa ter o talento de poeta e artista. É por isso que os cristãos antigos louvaram a Deus por meio de hinos. A Carta aos Efésios já exorta os cristãos:

> Entoai em vosso meio salmos, hinos e cânticos, como forem inspirados pelo Espírito. Cantai e jubilai de todo coração, louvando o Senhor!*
>
> (Ef 5,19)

A beleza da música quer estar a serviço do louvor a Deus. É uma música inspirada pelo Espírito Santo e que deve ressoar nos corações. A beleza da música é um dom do Espírito Santo que abre o coração para Deus.

---

* Trad. cf. o texto alemão [N.T.].

Essa foi também a fundamentação teológica que Tomás de Aquino deu para a música sacra. Ela visa estimular a alegria no Senhor. Tomás cita o Sl 34*:

> Seu louvor estará sempre nos meus lábios! [...]
> Que os pobres ouçam e fiquem alegres!
> Engrandecei o Senhor comigo.
>
> (RATZINGER. *Fest des Glaubens*, p. 101.)

Para Tomás de Aquino a beleza da música sacra é uma maneira de glorificar a Deus e assim participar da glória e beleza de Deus.

Mas a música sacra também deixa alegres "os pobres". O Papa Bento cita ainda outra palavra de Tomás de Aquino para entender a música sacra: "Os céus proclamam a glória de Deus", como diz o Sl 19:

> A glorificação do Criador não pode acontecer só com palavras, mas precisa ocorrer também pelo ato de deixar falar a música da criação e por meio de sua transformação espiritual por parte do ser humano crente e contemplativo.
>
> (RATZINGER. *Fest des Glaubens*, p. 101.)

Ratzinger vê a incumbência da liturgia nisto:

> Desencobrir e fazer soar a glorificação de Deus que está oculta no cosmo.
>
> (RATZINGER. *Gesammelte Schriften*, vol. 11, p. 583.)

---

* Correção do original, que traz "Psalm 31" [N.T.].

Ao fazer soar a beleza do cosmo na liturgia, tanto na música instrumental quanto na música sacra, damos uma importante contribuição para a humanização do mundo. A liturgia é nossa resposta à beleza de Deus.

Mas o ser humano só corresponde a essa beleza

> quando confere, conforme sua capacidade, também à sua resposta toda a dignidade do belo, a grandeza da verdadeira "arte".
>
> (RATZINGER. *Gesammelte Schriften*, vol. 11, p. 597.)

Arte – assim Ratzinger pensa poder interpretar os pensamentos do Livro do Êxodo, capítulo 35-40 – é

> pôr a descoberto a beleza oculta já presente na criação.
>
> (RATZINGER. *Gesammelte Schriften*, vol. 11, p. 597.)

A beleza está no mundo, mas também precisa ser expressa. Isso acontece na liturgia.

Assim, portanto, a beleza – por sua essência – faz parte da liturgia. Isso, porém, não vale só para a beleza da música, mas também para a beleza do recinto da igreja e para a beleza da celebração litúrgica. Liturgia é festa. E uma festa precisa de solenidade e beleza. Em conexão com a filosofia grega e também ao Evangelho de Lucas, a Igreja antiga sempre viu a liturgia como espetáculo sagrado. Um espetáculo transforma. No espetáculo da liturgia, encenamos nosso ingresso na redenção que Cristo operou por nós em sua morte e em sua ressurreição. Redenção à obra de Deus. Mas a obra de Deus sempre é expressão de sua glória. Em consequência, o espetáculo deve representar a obra de Deus como obra bela. Por meio da beleza das roupas, a beleza da forma e a beleza dos ritos um pouco da glória de Deus se torna visível entre nós. E a irrupção da glória de Deus no cotidiano cinzento da nossa vida tem por si só algo de curativo e redentor.

A Igreja oriental captou a beleza da liturgia de um modo ainda mais profundo do que a Igreja ocidental. No Ocidente, a liturgia com demasiada frequência foi usada para fins estranhos a ela. Celebra-se a liturgia para ensinar o povo, para anunciar às pessoas as doutrinas mais importantes da Igreja. Ou celebra-se a Eucaristia para educar e melhorar o povo. Na Igreja oriental, o principal objetivo da liturgia é tornar visível para nós a glória de Deus. E justamente quando a glória de Deus se torna visível, abre-se o céu para nós e participamos da beleza da liturgia celestial.

Isso nos liberta de toda fixação em nossos problemas cotidianos. Isso nos liberta do nosso apego ao pecado. A glória de Deus sempre tem um efeito curativo sobre o ser humano. Ela nos mostra a nossa própria dignidade e beleza e, desse modo, separa-nos da feiura do pecado. "A beleza salvará o mundo": esse dito de Dostoiévski evidencia-se justamente na beleza da liturgia.

Em seus numerosos escritos sobre a liturgia e sobre o espírito da liturgia, Romano Guardini seguidamente ressaltou a forma em que se apresenta a liturgia. Na liturgia, a Igreja desenvolveu uma cultura própria. Guardini responde ao pretexto de que religião não seria cultura; que a cultura poderia encampar a religião e, desse modo, enfraquecê-la. Ele vê esse perigo. Apesar disso, a religião autêntica também precisa da cultura. Guardini escreve:

> A piedade que se sente viva esquece com demasiada facilidade que ela precisa da cultura. A simples cultura torna tudo superficial, tira a tensão essencial e a seriedade da decisão; mas sem ela aquela tensão se converte em pressão perigosa que pode destruir a alma. A autêntica cultura confere à religião os meios de se expressar, de apreender, criar e conferir forma à vida como um todo.
>
> (GUARDINI. *Liturgie*, p. 109.)

Essa noção de Guardini é sumamente atual. Com toda certeza há formas de piedade, segundo as quais a simples piedade já curaria o ser humano. Ocorre que frequentemente ela exige demais do ser humano, sobretudo quando ela passa por cima da cultura. Cultura se refere tanto à forma da liturgia quanto à cultura da linguagem e a cultura do pensamento.

Quando a piedade se afasta do pensamento, ela se torna autoritária. É preciso que haja a beleza da forma, a beleza do pensamento e a beleza da música para que Deus toque e transforme o coração humano.

Para celebrar condignamente a liturgia – diz Guardini – é preciso adquirir uma nova compreensão de corpo e alma. A liturgia não é algo puramente espiritual. Ela se expressa no corpo. Ela é a alma que impregna nosso corpo e através deste torna-se visível neste mundo. Guardini diz

> que é a beleza da alma que se revela em cada proporção de suas medidas, em cada linha e em cada gesto.
>
> (GUARDINI. *Liturgie*, p. 32.)

Na liturgia, a beleza que se revela no corpo se estende às coisas, à beleza do recinto, das vestes e dos instrumentos litúrgicos. Todas essas coisas exteriores não estão simplesmente diante do ser humano. Ao contrário, a alma do ser humano se expressa também nas coisas. Guardini escreve que o ser humano se sente aparentado com cada coisa,

> pois também ela carrega dentro de si uma imagem de Deus, do mesmo Deus, do qual provém o ser humano. Em Deus todas as criaturas são aparentadas, e o ser humano está destinado a reunir em si todas as essencialidades delas e a manter com todas elas uma relação viva.
>
> (GUARDINI. *Liturgie*, p. 57.)

Por conseguinte, é preciso ter sensibilidade para que o recinto das igrejas, a decoração com flores, os instrumentos do altar, as vestes dos sacerdotes e as vestes dos ministrantes representem a beleza da liturgia, que eles combinem com a liturgia e não sejam acrescentados como algo estranho a ela. A liturgia é uma obra de arte integral, na qual o rito, a forma da celebração, a organização do espaço, as vestes litúrgicas, o tipo de gestos, o canto e a proclamação da Palavra de Deus expressam um pouco da beleza de Deus. A celebração tem de compor um todo coerente; então ela também é bela.

Tomás Halik, sacerdote tcheco, psicoterapeuta e professor, mostra ter sensibilidade para aquilo que Guardini diz da ligação íntima entre o liturgo e o recinto e as formas exteriores da liturgia.

Halik é um teólogo moderno que busca sobretudo o diálogo com o ateísmo, no qual é preciso ser muito cuidadoso ao falar de

Deus e do mistério que nos rodeia. Por isso, ele se mostra cético em relação a alguns cultos divinos celebrados por jovens e emocionalmente sobrecarregados, nos quais se fala de Deus de um modo demasiadamente leviano e seguro de si.

O ceticismo se refere principalmente ao "modo manipulativo-sugestivo de entusiasmar a multidão". Mas, na sua crítica, ele fala também do aspecto estético desses cultos divinos. Ele escreve o seguinte:

> Irrita-me também o aspecto estético dessas reuniões. Faço questão de que a beleza da religião e das formas de expressão religiosas – incluindo a do recinto para um culto divino – não constitua alguma "superestrutura" quase supérflua e, assim, um tanto quanto perigosa, destinada a estetas ecléticos. Na verdade, retrospectivamente quase sempre confirmei que o recinto é um indicador confiável da saúde, profundidade e verdadeira espiritualidade de qualquer comunidade, bem como da sensibilidade ou falta de sensibilidade desta para a beleza, que é uma das características tradicionais de Deus.
>
> (HALIK, p. 86.)

Halik foi influenciado por um aluno beneditino que lhe transmitiu a beleza da liturgia. Por isso, ele pleiteia que se preserve cuidadosamente o tesouro da liturgia. E ele resiste a alguns cultos divinos que

> com sua estrutura caótica mais parecem um drama musical religioso canhestramente improvisado.
>
> (HALIK, p. 87.)

Halik não diz isso motivado por uma postura conservadora. Sua concepção origina-se, muito antes, de uma teologia inteiramente moderna que, em diálogo com as pessoas de hoje, esforça-se por falar adequadamente de Deus.

Muitos que hoje não conseguem mais reconhecer a beleza da liturgia têm, ainda assim, senso para a beleza do recinto da igreja. Isso vale sobretudo para igrejas românicas, góticas e barrocas. O teólogo evangélico Christian Möller observou que, nessas igrejas, no decurso de uma hora muitas vezes mais turistas escutam a prédica das pedras do que antes havia pessoas presentes no culto divino para ouvir a prédica do pastor. Ele explica isso nos seguintes termos:

> Aqui a pregação é feita pelas pedras, e também pelos símbolos e pelas imagens. Essa pregação das pedras, dos símbolos e das imagens é para algumas pessoas de hoje bem mais audível do que a pregação que nós, teólogos, fazemos. [...] Pedras e símbolos pregam à sua maneira, trazendo à lembrança coisas estranhas e misteriosas. Ali falam ao mesmo tempo história e eternidade e, portanto, aquilo de onde venho e para onde vou.
>
> (MÖLLER, p. 174.)

Com frequência as pessoas permanecem sentadas por longo tempo em uma igreja para escutar essa pregação das pedras. Elas deixam o recinto exercer sua influência sobre elas, sentando-se em um banco ou caminhando lentamente pelo espaço. Möller prossegue:

> A experiência do espaço é o que muitas pessoas consciente ou inconscientemente buscam na igreja, para sentirem, em contraposição à ausência de

> limites e à inabitabilidade do mundo lá fora, limites
> e proporções de um recinto que faz bem, porque
> suas medidas proporcionam resguardo e amplidão ao
> mesmo tempo e oferecem ao ser humano uma medida
> que o torna comedido sem estreitá-lo.
>
> (MÖLLER, p. 176.)

Quando visito uma igreja, sinto se o pastor e a comunidade têm senso para a beleza do recinto ou se o recinto está abarrotado de informações ou com ensinamentos de todo tipo e imagens feitas por crianças. Não tenho nada contra imagens feitas por crianças. Mas frequentemente elas são expostas em lugares que obstruem a beleza do recinto. Da espiritualidade de uma comunidade faz parte também a sensibilidade para a beleza do recinto da igreja.

A beleza da liturgia se expressa na beleza da linguagem litúrgica, na beleza da música sacra, na beleza do recinto, dos ritos, das vestes, do drama litúrgico. Em sua crítica às correntes modernas que veem a liturgia sobretudo sob o aspecto da serventia, o papa Bento reiteradamente advertiu contra o perigo da banalização. Quando os celebrantes da liturgia não têm mais senso para a beleza e a cultura, para a qualidade da linguagem, da música e dos ritos, a liturgia empobrece. Para ele, a liturgia é uma festa que deve manter-se diante da questão da morte. Ratzinger escreve a respeito da tentativa do mundo pós-religioso de substituir a festa pela *party* (reunião social, festinha). Entretanto, quando a *party* procura satisfazer o anseio das pessoas por libertação do autoestranhamento e é entendida como *"escapada libertadora do cotidiano para o mundo da liberdade e da beleza"* ela se transforma em orgia. Quando a liturgia se reduz à mera interação e criatividade comunitárias,

> o existir humano é posto em fogo brando e, por mais belo que seja o som das palavras, a questão propriamente dita está sendo excluída.
>
> (RATZINGER. *Fest des Glaubens*, p. 58.)

Por isso a beleza da liturgia sempre precisa também da seriedade da superação da morte. Pois, no fundo, toda festa gira em torno disto: celebrar a superação de sofrimento e morte. Ratzinger pensa que a festa

> sempre teve, na história das religiões, caráter cósmico e universal. Ela procura dar uma resposta à questão da morte, reportando-se à energia vital universal do cosmo.
>
> (RATZINGER. *Fest des Glaubens*, p. 58.)

A beleza da liturgia não é fuga da realidade da nossa vida, mas expressão da fé em que, na cruz de Jesus Cristo, resplandece a glória de Deus. Assim, em vista do sofrimento neste mundo, celebramos uma bela liturgia, que transforma o sofrimento do mundo com os olhos voltados para Jesus Cristo que superou o sofrimento em sua morte e em sua ressurreição.

10
A beleza do corpo

Quando se fala de beleza nos meios de comunicação, na maioria das vezes, trata-se da beleza do corpo. E, quando isso acontece, principalmente as mulheres são valorizadas por sua beleza. Há concursos de beleza, nos quais o corpo recebe nota por suas formas e medidas. Nesses casos, age-se como se houvesse critérios objetivos de beleza.

Também há concursos de beleza para homens. Neles, tudo gira sobretudo em torno dos músculos e do formato exterior do corpo. Esse ideal objetivo de beleza deixa muitas pessoas de consciência pesada. As mulheres se medem pela beleza da mulher esbelta que, no entanto, tem seios fartos e firmes e um rosto maquiado bem-proporcionado. Ou os homens se medem pelo tamanho e pela virilidade de outros homens. E eles sempre se sentem como fracassados.

O ideal supostamente objetivo de beleza leva hoje a que muitos homens e mulheres se submetam a cirurgias estéticas. Uma mulher me contou que seu marido a critica constantemente, dizendo que seu corpo não seria mais tão atrativo como antes, que ela estaria muito gorda e assim por diante. Por amor ao seu marido ela estaria disposta a se submeter a uma cirurgia estética. Procurei dissuadi-la, pois esse tipo de operação sempre é também um ato de agressão a si mesma. Além disso, dei-lhe a ponderar que, se fizesse isso, ela, no fundo, se submeteria ao poder do marido. Ela se subordinaria ao seu juízo. Ela se exporia à agressão do seu marido que a avalia. Amor verdadeiro é outra coisa. O amor não pode ser comprado, nem mesmo por meio de uma cirurgia estética.

Justamente algumas mulheres de idade mais avançada gastam muito dinheiro para preservar sua beleza exterior. No entanto, quem olha bem para essas mulheres não as percebe como belas. Elas estão envoltas por uma aura de artificialidade. Há uma beleza fria que caracteriza as mulheres retratadas em revistas de moda. Elas correspondem aos critérios objetivos de beleza feminina, mas quando olhamos para seus rostos, eles nada refletem além de frieza.

A beleza sempre é cativante. Um rosto frio e distanciado não consegue irradiar beleza, por mais que talvez corresponda a critérios objetivos. Ele não irradia amor.

No fundo, beleza sempre está relacionada com amor – em duplo sentido. A mulher bela desperta amor no homem, exatamente do mesmo modo que um homem belo é capaz de despertar amor na mulher. Assim, Tamino canta, na ópera *A flauta mágica*, segurando nas mãos o retrato de Pamina:

> Este retrato é encantadoramente belo.

E mais tarde:

> Sinto que essa imagem dos deuses enche meu coração com um novo anseio.

A imagem dessa bela mulher desperta nele o amor por ela. E ele promete à mãe que libertaria a filha do poder do suposto vilão Sarastro.

A beleza é capaz de provocar amor. Mas inversamente o amor também torna o outro belo. Quando amo uma pessoa, ela se torna para mim a pessoa mais bela que conheço. Não importa se é mulher ou homem: essa pessoa torna-se bela para mim. O amor cria a beleza, ou melhor: o amor faz reluzir a beleza que está dentro de cada pessoa.

A beleza oculta sai à luz por meio do amor. O amor transfigura o outro. Ou, em outros termos: a pessoa que eu amo é transfigurada. Acontece com ela o que aconteceu com Jesus no Monte Tabor. Subitamente sua face se tornou luminosa e brilhante. Irrompeu o que lhe era mais próprio. A beleza original se tornou visível.

A verdadeira beleza do corpo provém da alma. O corpo é belo quando é animado por uma alma bela e boa. Romano Guardini está convicto de que o ser humano não só é belo, mas também que pode fazer algo por sua beleza, não só mediante o cuidado exterior com o corpo, não só por meio de belas roupas, mas também por meio da "formação do corpo", por meio da "vitalização propriamente dita do corpo":

> A alma bem-intencionada deve formar integralmente o corpo de maneira singela e verdadeira. Ela própria deve ser pura, forte e terna e fazer do corpo inteiro a expressão viva desse modo de ser.
>
> (GUARDINI. *Liturgie*, p. 30.)

Muitas pessoas cuidam do seu corpo, mas não têm uma relação viva com ele. Seu corpo é como um objeto que elas gostariam de deixar bonito. Mas elas próprias não habitam nem vitalizam o corpo. Nesse tocante, nossa tarefa humana mais original é vitalizar realmente nosso corpo, senti-lo, amá-lo, gostar de morar nele. Quando isso acontece, ele também irradia algo. É isso que Jesus tem em mente quando diz:

> Teu olho ilumina o corpo. Se teu olho for singelo (*haploûs*), todo o teu corpo será luminoso. Porém, se ele for perverso, também o teu corpo ficará escuro. Cuida, portanto, para que não haja dentro de ti escuridão em vez de luz. Se todo o teu corpo estiver cheio de luz e nada escuro houver nele, ele estará tão iluminado como quando a lâmpada te ilumina com seu brilho.

(Lc 11,34-36)

Para os gregos, a singeleza ou simplicidade (*haplótes*) é uma das virtudes principais. Ela constitui a clareza interior e a verdade do ser humano. Quando o ser humano é assim claro e luminoso, sem segundas intenções, sem tendências perversas, sem "agenda oculta", como se diz hoje às vezes, todo o seu corpo é claro e luminoso, seu corpo irradia luz, ele é belo e tem uma aura boa. Portanto, em vez de laborar apenas nas formas exteriores do corpo – é o que pensa Jesus nessa passagem –, o ser humano deve esforçar-se por ser simples e claro, deixar-se iluminar pela luz de Jesus. Se fizer isso, ele será belo. Então, através dele se irradiará algo agradável, belo, luminoso para o mundo.

Mas a tradição cristã não viu só em Jesus o ser humano verdadeiramente belo. Ela sempre se preocupou também em representar Maria como bela mulher. Maria se tornou na Idade Média a imagem da pessoa bela por excelência. Olhar para Maria é como olhar dentro de um espelho e reconhecer a nossa própria beleza. Maria é bela por ser clara, por não ter segundas intenções. Essa beleza se reflete, então, não só em seu rosto, mas também em todo o seu corpo.

As belas Madonas surgiram principalmente em torno do ano de 1400. Naquela época, Maria é representada como mulher jovem de grande beleza. Na alta Renascença italiana, o ideal de beleza da Antiguidade marca as representações de Maria. O anseio que os gregos e romanos sentiam em relação a Afrodite ou então Vênus foi satisfeito em Maria.

Sobretudo Martin Schongauer representou Maria como bela mulher. Por isso, ele próprio era chamado de "Martin Schön, Martin Belo". Das representações de Maria se irradia até nós uma beleza tranquila. Schongauer se deixou guiar, em suas representações de Maria, pela palavra extraída do Cântico dos Cânticos que a liturgia cantava nas festas marianas: *"Tota pulchra es, Maria"*. Podemos traduzi-la por: "És muito bela, Maria". Mas ela significa também: és toda bela. És bela em tua totalidade. Tudo em ti é belo. Todo o teu corpo é belo.

Quando contemplamos a bela mulher nas representações de Maria, praticamente não existe o perigo de comparar-nos com ela, como ocorre frequentemente na representação de belas mulheres nos meios de comunicação. Ao contrário, Maria é como um espelho, no qual percebemos a nossa própria beleza. Sentimos em seu rosto e em sua figura uma beleza que vem de dentro. Ela nos encoraja a confiar em nossa própria beleza. Somos belos quando nosso corpo confere expressão à nossa alma. No entanto, só quando temos uma bela alma.

Podemos laborar na beleza da alma. A alma é bela quando espelha o fulgor de Deus e quando se liberta de todas as segundas intenções perversas. O caminho espiritual sempre é também um caminho de purificação. O coração puro era para os monges da Antiguidade a meta de sua ascese. Só quem tem um coração puro também poderá refletir em seu corpo essa pureza, clareza e beleza interiores. É por isso que Tomás de Aquino fala tão frequentemente da *claritas* como beleza.

Claritas significa a clareza, a pureza. Ela corresponde ao que Jesus quis dizer com *haploûs*: ser singelo, ser claro, ser transparente, ser permeável para o Espírito de Deus, permeável para o amor. Por isso, a beleza sempre irradia também amor. E a pessoa que está cheia de amor sempre é também bela.

Foi o que Dostoiévski expressou, por exemplo, com o personagem do estaroste Zósimo. A aparência do estaroste não dava a impressão de uma pessoa bela. Havia algo em seu rosto que não agradava. E, ainda assim, esse estaroste irradiava uma beleza interior que fascinava as pessoas. Ele era um homem cheio de amor. E isso o tornou belo.

A união de beleza e amor é cantada no Cântico dos Cânticos da Bíblia. Trata-se de canções de amor transmitidas a nós pelo Antigo Testamento. A própria noiva se acha bela:

> Sou morena, mas bela.
>
> (Ct 1,5)

E o noivo lhe diz:

> Como és bela, minha amada, como és bela.
>
> (Ct 4,1)

Em seguida, o amado louva a beleza da sua amada: seus belos olhos, seu cabelo, seus dentes, seu pescoço, seus seios:

> Teus seios são dois filhotes,
> gêmeos de uma gazela,
> pastando entre açucenas.
>
> (Ct 4,5)

E ele conclui a descrição da beleza do corpo com estas palavras:

> És toda bela, minha amada, e não tens um só defeito.
>
> (Ct 4,7)

Orígenes fez uma interpretação espiritual e mística dessas canções de amor. Para ele, o noivo é Cristo e a noiva, a alma humana. Ele interpreta o versículo de Ct 4,1 assim:

> Quando a noiva fica por muito tempo longe do noivo, ela não é bela. Ela se torna bela quando está unida com a Palavra de Deus.
>
> (ORÍGENES, p. 63.)

Podemos perfeitamente vincular a interpretação espiritual com a literal. A beleza provoca amor e o amor nos proporciona o ensejo de elogiar a beleza do corpo. Entretanto, essa beleza surge em nosso corpo também quando estamos imbuídos do amor de Deus e de sua palavra. A Palavra de Deus transforma também o corpo. Ela o torna belo.

11
A vida é bela

Chiang Shing, professor budista de ciência da arte em Taipé, também escreveu um livro sobre a beleza. Nesse livro, entretanto, embora tenha estudado ciência da arte em Paris, ele não trata de obras de arte, mas da vida. Ele quer descobrir a beleza da vida. Para isso, ele se ocupa com quatro esferas da vida: comida, roupa, moradia e movimento.

No caso da comida, é preciso prestar atenção para perceber a beleza. É possível vivenciar essa beleza quando nos recordamos das comidas preparadas pela mãe, do seu aroma e do seu sabor. Uma refeição festiva também requer um preparo que a deixe bela. Nós não cozinhamos simplesmente as comidas, mas as cozinhamos de coração. E, em seguida, trata-se de também desfrutar de coração aquilo que foi preparado de coração, tomar tempo para perceber a beleza das comidas, para saboreá-las bem devagar. Shing pensa que muitas pessoas não experimentariam beleza ao comer porque seu coração está cheio de problemas e preocupações.

Quando comemos conscientemente, percebemos que os diferentes sabores estão presentes também na vida cotidiana e em toda a nossa história de vida. Conhecemos também nestas o sabor ácido da vida ou o amargo quando algum sofrimento sucedido nos deixa amargurados. Mas conhecemos também a doçura. Dizemos de uma pessoa que amamos que ela é um doce. A beleza da comida não se refere só à doçura, mas exatamente da mesma forma ao picante, ao amargo, ao ácido. Tudo fica bonito quando é apreciado ponderadamente e com todos os sentidos.

Belas roupas fazem parte da cultura humana. Desde sempre o ser humano procura vestir-se bem e incrementar e dar visibilidade a sua própria beleza por meio do tipo de roupas. Não se trata, porém, de ostentar roupas de grife, mas de escolher para mim mesmo as roupas que correspondem ao meu jeito de ser. Ao fazer isso, é preciso levar em conta a cultura e o clima. Lembrar-me de quem me deu a roupa de presente ou da situação em que a comprei aumenta a beleza.

Há pessoas que não têm sensibilidade para as roupas que combinam com elas. É preciso ter um senso para a própria beleza e para aquilo que essa beleza evidencia para outros. Há muitos anos que já existem firmas de assessoria para questões de cores e estilo. As pessoas reconheceram que o modo como se vestem é importante. É preciso que a roupa combine com a própria personalidade. Percebe-se quando uma pessoa quer ostentar com suas roupas com a intenção de mostrar para todo mundo quanto dinheiro tem e quantas coisas pode bancar, ou se ela escolhe as roupas que combinam com ela e que exteriorizam sua essência. Belas roupas aumentam a beleza do corpo. Elas embelezam a pessoa.

O autor taiwanês constata que, na Ásia, dá-se grande valor à beleza da comida, ao passo que, na Europa, enfatiza-se a beleza da moradia. Entretanto, no caso da moradia, não se trata só de casas grandes e belas, mas também de transformar minha casa em um lar, no qual eu me sinto em casa. Quando não apenas moro na minha casa, mas sinto-me em casa nela, o hóspede sentirá isto: a moradia inteira é expressão do hospedeiro. Reconheço nela seu estilo. O modo como alguém mora diz algo sobre sua sensibilidade para a beleza, a cultura, a simplicidade ou também para o acolhimento e o amor.

Da beleza do morar faz parte também a solidariedade com a família. Na minha moradia, deve revelar-se meu pertencimento familiar. Nela torna-se visível que honro meus antepassados. Isso se torna visível para o hóspede nos quadros e nas lembranças dos meus antepassados, bem como no modo como respeito e cuido do que herdei dos ancestrais.

Da beleza da moradia faz parte o entorno. Ao dizer isso, o autor tem em mente também os templos e as igrejas que estão na vizinhança. O autor conta que, quando esteve em Paris, antes e depois de cada preleção ia sentar-se dentro de uma igreja para sentir o espírito do povo francês, sua religião, sua cultura e sua história. Da beleza da minha moradia faz parte também o entorno em que moro. As igrejas próximas marcam esse entorno. Sentar-se dentro de uma igreja e vivenciar a paz e o silêncio, bem como a beleza do recinto, também abre meu coração para o mistério que envolve minha igreja, e que, em última análise, também me rodeia dentro da minha moradia. A língua alemã associa *Heim* (lar) e *Ge-heim--nis* (mistério). Só se pode estar no lar onde mora o mistério.

A quarta esfera da beleza é o movimento. Posso desfrutar a beleza de cada movimento quando estou totalmente dentro do movimento. Um movimento lento executado com atenção é belo. Movimentos muito rápidos tornam o ser humano agressivo e furioso. Isso se pode observar no metrô.

Há uma multiplicidade de movimentos e velocidades. Cada movimento tem sua própria beleza. Isso fica claro sobretudo na dança. Nela, desfrutamos a beleza dos movimentos. Mas no cotidiano há muitos movimentos que são demasiadamente agitados e apressados.

O signo da escrita chinesa para "estar ocupado" é composto por um coração e a palavra "morrer". Desse modo, a língua chinesa expressa que quem fizer movimentos rápidos demais, quem estiver agitado e inquieto, corre o risco de deixar seu coração morrer. O remédio contra isso é diminuir conscientemente a velocidade.

O signo chinês para ócio, no qual tomo tempo, é composto por uma porta e uma lua. Ócio significa, portanto, admirar a lua através da minha própria porta. No meu coração há uma porta pela qual posso olhar para a lua. Mas preciso tomar tempo, ter serenidade e atenção para abrir essa porta em meu coração.

O movimento tem algo a ver com o corpo. Assim, Chiang Shing escreveu um livro próprio sobre a beleza do corpo. O autor caracteriza a si próprio como um missionário da beleza, que deseja anunciar aos seres humanos a beleza que está dentro deles mesmos e à sua volta. Todo corpo é belo. E o que interessa é descobrir em cada um a beleza que lhe é própria e alegrar-se por ela. A beleza física e psíquica fazem parte uma da outra. A nossa tarefa é como que despertar o próprio corpo, percebê-lo e vivenciá-lo alertas e atentos. Então vivenciaremos sua beleza.

Certa vez Chiang Shing foi convidado para um concurso de beleza para, na qualidade de especialista de beleza, dar notas às mulheres participantes do concurso e a seus corpos. No entanto, ele recusou o convite. Ele opinou que, para ele, não existem notas para a beleza. Todo corpo é belo. Ele entende que sua tarefa consiste em despertar no ser humano o senso para a beleza do seu corpo, mas não avaliar a beleza nem dar nota por ela.

O que o autor taiwanês escreve vale também para nós, ocidentais. Os pensamentos desse autor budista nos mostram ao que devemos prestar atenção quando falamos de beleza. A beleza está em nossos movimentos, em nossas roupas, em nossas moradias e em nossa comida. Trata-se apenas de desenvolver uma atenção para perceber o belo. Desenvolver um senso para o belo é salutar para nós. Da beleza parte uma energia curativa e iluminadora. É por isso que a educação para a beleza sempre é algo salutar. Ela faz parte de uma espiritualidade terapêutica.

12
A caminho de uma espiritualidade da beleza

Por fim e finalmente, gostaria de fazer frutificar para a espiritualidade todos os pensamentos que visualizei e expus neste livro. Pretendo descrever aqui uma espiritualidade orientada no belo. Ao fazer isso, eu gostaria de dar a palavra a alguns autores espirituais e deixar-me inspirar por eles para acercar-me do mistério de uma espiritualidade da beleza.

Em minha busca por uma espiritualidade que considera o belo como lugar essencial da nossa experiência de Deus, constatei que o tema é negligenciado na maioria dos livros espirituais da atualidade. Além de Hans Urs von Balthasar e Josef Ratzinger do lado católico e Rudolf Bohren, Matthias Zeindler e Paul Tillich do lado evangélico, poucos teólogos se interessam pelo tema da beleza. Nem Karl Rahner, a quem muito admiro e cuja doutrina da redenção foi tema da minha tese de doutorado, deu atenção a esse tema.

Dolorosamente tomei ciência de que, nos últimos duzentos anos, nossa espiritualidade cristã foi fortemente cunhada pela moral e mais tarde pela psicologia. O mais importante para nós – também para mim pessoalmente – era que, na ascese, o cristão luta consigo mesmo, supera seus erros e suas fraquezas e se torna um ser humano mais maduro e controlado, que se torna cada vez mais permeável para o Espírito de Jesus.

Quando passo em revista meus próprios livros, sempre foi importante para mim que o ser humano chegue à sua verdade e liberdade interiores, que, por meio do autoconhecimento sincero, ele descubra o mistério de Deus no fundo de sua alma. Mas na minha espiritualidade até agora eu mesmo negligenciei o fato de Deus não ser apenas verdadeiro e bom, mas também belo.

Entrementes ficou claro para mim que sempre vimos a espiritualidade como um caminho que nós mesmos percorremos. Enfatizamos, portanto, o aspecto ativo da espiritualidade. Com certeza é um aspecto importante. Mas o tema "beleza" nos conduz à dimensão contemplativa e mística da espiritualidade cristã. A espiritualidade é um perceber atento do Espírito, um perceber atento da beleza em que se espelha o Espírito de Deus, em que o amor de Deus se torna experimentável, visível e audível para nós. A mística grega é sobretudo uma mística da contemplação. No ato de contemplar a beleza da criação torno-me um só com aquilo que contemplo, torno-me um só com Deus, o protótipo do belo e o Criador de toda beleza.

Uma espiritualidade que cede espaço para o belo é ademais uma espiritualidade curativa e terapêutica. Ela faz bem à alma e ao corpo. Ela nos põe em contato com as forças curativas de nossa alma. O belo é sempre também aquilo que está em ordem. Assim o belo põe ordem em nosso caos interior. E, para os antigos, a saúde sempre tem a ver com ordem. Quem vive de acordo com sua essência, quem corresponde à sua ordem interior, leva uma vida saudável.

Além disso, a espiritualidade da beleza é uma espiritualidade otimista. Seu ponto de partida é a beleza que encontra em tudo: na natureza, na arte, em cada ser humano e na própria alma. Por muito tempo a espiritualidade girou demasiadamente em torno da culpa do ser humano. Ela provocou uma consciência pesada no ser humano que deveria instigá-lo a deixar o mal de lado e fazer o bem. No entanto, uma consciência pesada muitas vezes paralisa a pessoa e não constitui uma motivação para mudar realmente. A espiritualidade do belo nos encoraja. Ela nos põe em contato com o desejo que sentimos pelo belo e pelo bom. Desse modo, experimentamos nela realmente uma transformação interior, ao passo que uma espiritualidade da consciência pesada não consegue nos transformar de verdade.

Estética e espiritualidade em Dorothee Sölle

Dorothee Sölle vislumbra uma estreita relação entre uma espiritualidade viva e a sensibilidade para a beleza. Ela escreve:

> Existe uma relação profunda, ainda pouco refletida, entre mística e estética, entre o alegrar-se com Deus e a beleza.
>
> (SÖLLE, p. 235.)

Uma maneira bem concreta de perceber a beleza em tudo é o louvor:

> O ato de louvar é o ato estético com que algo é percebido, visto e tornado visível, exaltado, celebrado e decantado. Esse algo é amado de tal modo que sai do escuro e vem à luz.
>
> (SÖLLE, p. 235.)

A espiritualidade beneditina é uma espiritualidade do louvor. Ela contempla a beleza do mundo e decanta com os salmos de Israel a criação em seu esplendor e sua glória. A espiritualidade empobrece quando não é mais capaz de louvar a vida. Quem não é capaz de sentir o vento, contemplar a beleza de uma paisagem e ouvir o canto das aves que voam pelo céu, permanece melancolicamente acocorado em si mesmo.

Assim, Dorothee Sölle desenvolve sua espiritualidade mística que leva a estética a sério, contrapondo-a à mentalidade cismática e taciturna que frequentemente marca a nossa piedade. Ela entende o apelo de Paul Gerhardt – "Meu coração, sai por aí em busca de alegria" – como se o ser humano tivesse duas almas dentro de si: uma capaz de alegrar-se e outra que fica ruminando calada. E então uma alma diz para a outra:

> Ó, minha alma melancólica e desacostumada a louvar, não fique ensimesmada pelos cantos, pare de olhar para si mesma, solte-se! Volte a ser capaz de perceber o vento não como mero ruído, mas a ouvir sua voz.
>
> (SÖLLE, p. 235.)

Uma espiritualidade que acentua o belo, por conseguinte, é otimista, é uma espiritualidade da alegria. Ela olha para a vida de maneira diferente do que faz a espiritualidade que tem em mira sobretudo o mal e as tendências negativas presentes no coração humano. Ela se volta contra o "estado antimístico, privado de alegria", contra

> uma inatividade que pode estar associada com muita agitação, contra uma náusea em relação à vida que consiste em uma arte mórbida, contra inferir de tudo o que existe

apenas a decadência e a destruição, contra uma preguiça de viver que nos deixa muito lerdos para procurar o esplendor de Deus na criação ou para ataviá-lo.

(SÖLLE, p. 236.)

Dorothee Sölle cita São Francisco de Assis, que considera o maior triunfo do diabo quando este consegue privar-nos da alegria de espírito. Francisco diz a respeito do diabo:

> ele leva consigo um pó muito fino que ele espalha em pequenas doses pelas frestas da consciência para turvar a mentalidade pura e o brilho da alma. Porém, a alegria que enche o coração da pessoa espiritual neutraliza aquele veneno mortal da serpente.

(SÖLLE, p. 237.)

Francisco de Assis tinha sensibilidade para a beleza da criação, a qual ele decantou nos hinos que compôs. Justamente quando estava para morrer,

> ele quis que cantassem, porque desse modo ele ficaria livre do incômodo das dores.

(SÖLLE, p. 238.)

Portanto, a alegria que se sente diante da beleza da criação é, para Francisco, um santo remédio contra a tristeza, que com demasiada facilidade acomete justamente as pessoas espirituais – e contra as dores provocadas pela enfermidade.

Uma espiritualidade, que Dorothee Sölle considera verdadeiramente mística, possui sensibilidade para a beleza do mundo. Quem se limita a girar em torno do seu próprio caminho espiritual e não tem olhos para a beleza da criação incorre, no final das contas, em uma piedade narcisista que facilmente descamba para a falta de alegria.

Só percebemos realmente Deus e sua criação quando

> experimentamos e decantamos a beleza. Nesse sentido, nós todas somos guardiãs da alegria e responsáveis por tornar a beleza da vida visível e audível.
>
> (SÖLLE, p. 236.)

Para Sölle, a espiritualidade consiste em proclamar a beleza da vida e comunicar às pessoas uma sensibilidade para a beleza que as envolve. No batismo, todos nós fomos ungidos sacerdotes e sacerdotisas. Ser sacerdote e sacerdotisa significa: ser guardião e guardiã do sagrado. Mas para Sölle isso significa ao mesmo tempo: ser guardião e guardiã do belo neste mundo.

Com algumas pessoas que têm olhos para o belo sucede o mesmo que ocorreu com São Francisco. Seus irmãos pensavam que um moribundo deveria permanecer sério. Assim, muitos hoje pensam que espiritualidade é algo sério. Que deveríamos, antes de tudo, enfrentar a culpa e empenhar-nos pela reconciliação. Entretanto, a espiritualidade da beleza tem algo de jovial em si. O belo agrada. A espiritualidade da beleza vive do agrado e não da recusa, vive de perceber a criação e a mim mesmo e não de mudá-los. Ela não é pura seriedade, mas contentamento, porque o belo provoca alegria em nós.

Dorothee Sölle desenvolveu esses pensamentos em seu livro *Mística e resistência*. O senso para o belo não nos faz pairar acima deste mundo. Muito antes, ele nos dá sustentação em meio a este mundo. Precisamente também em tempos politicamente difíceis, a sensibilidade para o belo com frequência é a âncora salvadora que nos proporciona a força necessária para não desesperar, mas para lutar pelo bem. A espiritualidade da beleza não é, portanto, uma fuga para um mundo estético, mas a busca por um refúgio em meio a este mundo. O belo faz com que nossa alma encontre repouso, para em seguida dedicar-nos revigorados aos problemas deste mundo. Voltar-nos para o belo é um ato que vem ao encontro das necessidades da nossa alma:

> Por um instante o esforço da luta e da tolerância é atenuado e uma luz diferente incide sobre a nossa fragilidade; uma luz, sob a qual conseguimos ver de relance a forma fidedigna das coisas por trás do horror dos fenômenos. Quando experimentamos a beleza, acontecem no mesmo ato estas duas coisas: despertamos e nos entregamos.
>
> (O'DONOHUE. *Schönheit*, p. 12.)

Por um lado, a experiência do belo é local de repouso no engajamento pelo mundo, por outro lado, porém, ela é, ao mesmo tempo, um convite para entregar-nos, para engajar-nos por este mundo com todas as nossas forças. Encontramos essa visão do belo também em outra mística moderna: em Simone Weil.

Beleza como o sorriso terno de Jesus – Simone Weil

Em minha busca por uma espiritualidade da beleza deparei-me com Simone Weil, a judia francesa de grande erudição postada no limiar da Igreja sem submeter-se ao batismo. Ela nasceu em 1909 e engajou-se pelos pobres e privados de direitos a ponto de passar fome, vindo a morrer em 1943 com apenas 34 anos de idade. Dificilmente se poderá acusá-la de defender um esteticismo puramente superficial, pois ela não se interessou só por questões sociais e sociopolíticas: ela pediu dispensa da docência escolar para trabalhar como auxiliar de serviços gerais numa fábrica. Ela quis averiguar em seu próprio corpo, se era possível preservar a dignidade humana em ciclos de trabalho monótonos.

Simone Weil foi uma mulher bastante sensível, aberta para as necessidades humanas, aberta para as questões filosóficas e teológicas que tangem o ser humano. No seu engajamento em favor de pessoas jovens do ambiente de trabalho, a questão do belo se torna importante para ela. Ela pretende comunicar ao ser humano um senso para o belo. Ter senso para o belo significa para ela, por um lado, adquirir uma sensibilidade para a dimensão religiosa da criação. E ela acredita que o belo fala a todas as pessoas. Nesse ponto, não há diferença entre culto e inculto, entre pessoas religiosas e pessoas não religiosas. Precisamente aos trabalhadores, em suas condições de trabalho muitas vezes indignas do ser humano, o belo, que eles sentem na natureza e em si mesmos devolve a dignidade. E ele lhes presenteia um local de repouso em meio à labuta da vida.

Quero meditar sobre apenas alguns dos seus pensamentos a respeito do belo. A beleza do mundo é, para Simone Weil, a visão do divino e a expressão da encarnação divina:

> De todas as qualidades de Deus apenas uma encarnou no universo, no corpo da PALAVRA, e esta é a beleza.
>
> (WEIL, p. 143.)

E a beleza é a

> prova de que a encarnação é possível.
>
> (WEIL, p. 140.)

Simone Weil considera que a razão para Deus se mostrar a nós neste mundo como beleza é o seu amor:

> Por amor o Amor desceu em forma de beleza sobre este mundo.
>
> (WEIL, p. 143.)

Assim, ela vê a beleza encarnada sobretudo em Jesus Cristo. Ela denomina a beleza como

> o sorriso terno de Cristo para nós através da matéria.
>
> (WEIL, p. 34.)

Na beleza de uma pessoa, na beleza da criação, podemos identificar, portanto, o sorriso terno de Jesus. Jesus sorri para nós. Na beleza, Ele entra em relação conosco, uma relação amorosa e sorridente.

Para Simone Weil, por conseguinte, uma espiritualidade da beleza sempre é uma espiritualidade que se encarna e, ao mesmo tempo, é cristológica. A beleza no mundo mostra que Deus sempre já se revelou na carne, na matéria. A encarnação em Jesus Cristo é como que o ponto alto da revelação da beleza de Deus na matéria. Nela, a beleza de Deus é condensada nesse homem Jesus e traz um brilho até então desconhecido a este mundo.

Para Simone Weil, a beleza do ser humano é também a beleza do amor carnal,

> a forma do "sim" eterno. A beleza é a eternidade perceptível.
>
> (WEIL, p. 143.)

O belo não está reservado para alguns estetas somente: todas as pessoas percebem o belo.

> O essencial é que a palavra "beleza" fala a todos os seres humanos.
>
> (WEIL, p. 131.)

Por isso, a espiritualidade da beleza é espiritualidade missionária. Ela pode comunicar para o ser humano no mundo alguma coisa da mensagem de Jesus, no qual a beleza que os seres humanos percebem no mundo atinge seu ponto alto.

Trata-se de uma espiritualidade ecumênica. Todas as religiões falam do belo. Na medida em que pessoas de todas as religiões são tocadas pelo belo no mundo, elas são tocadas, em última análise, por Deus. Assim, o belo é o ponto de partida para falar sobre Deus e sobre a experiência com Deus, sem ter que provar sentenças dogmáticas para as pessoas. Na sensibilidade para o belo, encontramo-nos no caminho comum rumo a Deus, rumo à beleza primordial, que se mostra a todos nós no belo.

Mas é preciso também assumir a atitude correta diante do belo. É preciso ter, por um lado, a capacidade de perceber o belo, admirá-lo. Por outro lado, é preciso uma atitude de deixar assim:

> O belo: aquilo que não se quer mudar.
>
> (WEIL, p. 136.)

E:

> Beleza. Um fruto para o qual se olha sem estender a mão para apanhá-lo.
>
> (WEIL, p. 137.)

Mestre Eckhart chama a atitude que devemos assumir diante da beleza de serenidade. É a atitude de deixar as coisas como elas são, de não querer modificá-las ou julgá-las constantemente. Mas, para Simone Weil, a capacidade de entrar em contato com o belo é, em última análise, o amor sobrenatural:

> É a mesma capacidade da alma, a saber, o amor sobrenatural que está em contato com o belo e com Deus. O amor sobrenatural é, em nós, o órgão de ligação com o belo, e o senso para a realidade do universo é, em nós, idêntico ao senso para a sua beleza. A existência em sua plenitude e a beleza fundem-se uma na outra.
>
> (WEIL, p. 137.)

Porém, para Simone Weil, o belo não é o mesmo que mundo perfeito. Ele também tem afinidade com a dor. É justamente a dor que consegue nos abrir para Deus. E quem está aberto para Deus é belo:

> Uma lei misteriosa faz com que um ser humano que toca Deus pareça belo nesse mesmo instante. [...]

> Alguma coisa atrai a carne para o divino; se não fosse assim, como poderíamos ser salvos?
>
> (WEIL, p. 139.)

Portanto, o belo nos atrai para Deus. Desse modo, Simone Weil confirma a noção de Dostoiévski: "A beleza salvará o mundo". A beleza nos põe em movimento na direção de Deus. E, para Simone Weil,

> não há prova mais evidente [da existência] de Deus do que a beleza do mundo.
>
> (WEIL, p. 139.)

Consequentemente amar a beleza é sinal de espiritualidade autêntica:

> É certo amar a beleza do mundo, pois ela é o sinal da troca de amor entre o Criador e a criação. A beleza é para as coisas o que a santidade é para a alma.
>
> (WEIL, p. 143s.)

Otto Betz, que reuniu os pensamentos de Simone Weil sobre a beleza, pensa que a filósofa francesa teria tido desde a infância um senso para o belo. Especialmente norteadora foi para ela, no entanto, a viagem à Itália, durante a qual ela passou horas diante das pinturas de Giotto, Leonardo da Vinci e Fra Angelico. Betz interpreta sua compreensão do belo da seguinte maneira:

> Se não existisse o belo, estaríamos trancafiados na imanência; a beleza torna o perceptível transparente, tudo é como que dotado de poros e nos franqueia um acesso

ao sobrenatural; porém, isso sobrepuja as possibilidades da nossa linguagem conceitual, presenteando-nos, contudo, uma outra linguagem que transcende nossas formas usuais de expressão. Ela está persuadida de que, no belo, acontece a encarnação de Deus.

(BETZ, p. 33.)

Para Simone Weil, o belo é uma prova (da existência) de Deus. No belo encontramos Deus. Também na sua atividade sindical, Weil queria despertar no ser humano o senso para o belo e, desse modo, para Deus. O senso para o belo nos proporciona, no engajamento em prol dos seres humanos, a força para não desistir. O belo é como um local de repouso, no qual podemos descansar. Ele é o pressuposto para que não abandonemos a esperança nos seres humanos, mas sempre voltemos a engajar-nos por eles, apesar de todas as decepções.

Para Simone Weil, o belo é como um sacramento. Na beleza visível, mostra-se o Deus invisível. O belo nos comunica o Deus invisível. Ela própria escreve isto:

> A beleza do mundo é o sorriso terno de Cristo para nós através da matéria. Ele está realmente presente na beleza do universo. O amor a essa beleza brota do Deus que desceu em nossa alma e ruma para o Deus presente no cosmo. Ele também é algo como um sacramento.
>
> (BETZ, p. 34.)

As duas imagens aplicam-se ao belo: encarnação e sacramento. A beleza nos remete à encarnação de Deus em Jesus Cristo. Em tudo o que é belo o próprio Jesus sorri para nós. Jesus preenche o mundo inteiro mediante a sua encarnação e pode ser encontrado em toda parte em que ficamos fascinados com o belo. O pressuposto para que percebamos o belo como reflexo de Jesus Cristo reside em que, na encarnação de Jesus, Deus também desceu em nossa alma. E o belo é um sacramento no qual Deus nos remete ao invisível por meio do visível. O belo nos comunica o amor de Jesus Cristo de modo similar ao que faz a celebração da Eucaristia.

Os pensamentos de Simone Weil praticamente não foram retomados pela espiritualidade católica após a guerra. Contudo, para mim eles são norteadores. Eles me mostram, por um lado, um caminho para a minha própria espiritualidade: no belo, consigo experimentar Deus. Ao mesmo tempo, porém, abre-se diante de mim um caminho para a minha proclamação. Quando desperto no ser humano o senso para o belo, no fundo, também o estou abrindo para Deus. Pois na beleza do mundo, na beleza de um ser humano e na beleza de uma obra de arte, resplandece a beleza de Deus diante de nós. Quem fica fascinado com a beleza, em última análise, permite que Deus mesmo o toque. Assim, a contemplação comum do belo no mundo é um ponto de apoio para a minha proclamação. Ao remeter os seres humanos para o belo, ao entusiasmá-los por ele, torno-os receptivos para Deus. E vice-versa: para as pessoas que ficam fascinadas com o belo posso assegurar que estão percebendo nele o próprio Deus, que elas estão sendo tocadas e entusiasmadas pelo próprio Deus.

Beleza e espiritualidade moralizante – Carlo Maria Martini

Um dos poucos autores espirituais que têm sensibilidade para com o tema "beleza e espiritualidade" é Carlo Maria Martini, o então cardeal de Milão. Ele escreve:

> Não resolve deplorar e culpar todo o mal e toda a feiura que há em nosso mundo. Em nossa época sóbria, tampouco resolve falar de justiça, de deveres, de bem comum, de programas pastorais, das exigências do Evangelho. Se quisermos falar disso, que o façamos com o coração cheio de ardente amor. Temos de experimentar aquele amor que dá com alegria e que entusiasma; temos de irradiar a beleza daquilo que é verdadeiro e correto na vida; pois só essa beleza pode tomar conta do íntimo das pessoas e direcioná-las para Deus.
>
> (MARTINI, p. 13.)

Martini sente que hoje uma espiritualidade puramente ascética ou moralizante não atrai mais as pessoas. É preciso a beleza que as fascina. Ele se refere à beleza do mundo para a qual devemos desenvolver uma sensibilidade. Mas ele se refere também à beleza do amor, à beleza de uma pessoa que se deixa conduzir pelo amor. Martini fala da beleza da mensagem bíblica, da beleza redentora, cuja expressão mais radiante foi a do amor por nós na cruz, da beleza salvadora que resplandece diante de nós na Páscoa. Toda a mensagem da fé cristã é descrita sob o aspecto da beleza. Essa beleza também se revela no Monte Tabor. Martini escreve:

> Quem faz a experiência da beleza que se manifestou no Tabor e se completou no mistério pascal, no mistério da cruz e ressurreição, quem crê na proclamação da palavra e se deixa reconciliar com o Pai na comunhão da Igreja, descobre a beleza da vida – de um modo que não pode ser comunicado por nada nem ninguém neste mundo.
>
> (MARTINI, p. 58.)

Existe uma espiritualidade que se limita a fazer exigências. Ela exige de nós que superemos o mal. Mas então, às vezes ocorre que ela está exageradamente fixada no mal, no pecado e na culpa. Ou ela exige que tenhamos um engajamento social. Ela quer mudar o mundo. Sem dúvida, esse é um aspecto essencial da espiritualidade cristã. No entanto, quando mudar se converte em exigência demasiada, a espiritualidade frequentemente perde a sensibilidade para aquilo que já está aí, para o que encontramos no mundo. O belo já está aí. Ele nos fascina e nos move por si só a cultivar e cuidar deste mundo, resguardar e proteger o belo e organizar o mundo como Deus quer. Uma espiritualidade que percebe o belo também resulta em outra imagem de Deus. Desaparece o Deus contabilista e controlador, o Deus que pune e julga, e aparece o Deus que, por sua essência, é criatividade, que tem paixão por criar coisas belas. Nesse caso, Deus se manifesta como luz que nos ilumina e brilha diante de nós na criação. E Deus é aquele que sacia o nosso mais profundo anseio por desfrutar das coisas. Deus é a verdadeira beleza que podemos apreciar com admiração e devoção.

Uma espiritualidade que passa ao largo da beleza do mundo facilmente se torna uma espiritualidade ascética ou mesmo moralizante. Ela parte constantemente daquilo que o ser humano deveria ser ou fazer. Contudo, quando nos voltamos para o belo, nosso ponto de partida não são as deficiências do ser humano. Percebemos, muito antes, a plenitude e a beleza da vida, como nos foi presenteada por Deus. Trata-se de uma espiritualidade receptiva. É também uma espiritualidade da gratidão por tudo que recebemos diariamente. O ser humano espiritual não é aquele que fecha os olhos e se limita a auscultar o seu íntimo.

Esse também é um aspecto da espiritualidade. Igualmente importante, porém, é que abramos os olhos e olhemos para aquilo que Deus nos mostra diariamente: a beleza da paisagem, a delicadeza das flores, a magnífica força das montanhas, o soprar do vento, o raiar do sol, o canto dos pássaros, o brincar dos peixes na água.

A contemplação está relacionada com o ver. A beleza é aquilo que vemos. Faz-se necessária uma espiritualidade que vê, que percebe a beleza que nos rodeia e a beleza que há dentro de nós e nas pessoas com que nos deparamos. E faz-se necessária uma espiritualidade que torna a beleza audível e visível. O tornar audível acontece no canto, no louvor a Deus. E o tornar visível acontece na liturgia, mas também na organização concreta da vida, na decoração da moradia, no modo como nos movimentamos. Quando um ser humano espiritual anda, sentimos no seu andar algo da beleza do andar, nos seus gestos a beleza do corpo, no seu rosto a beleza da luz que vem de Deus e nos torna radiantes.

Essa espiritualidade que desloca a beleza para o centro perde todo aspecto duro, abafado e escuro, que tantas vezes marcou a espiritualidade cristã nos últimos séculos. É uma espiritualidade da alegria, da vivacidade, da liberdade. Ela se alegra com as obras de Deus, com a beleza do corpo e da vida. E ela expressa essa beleza no canto e na arte, mas também na configuração concreta do cotidiano. A beleza também se mostra numa vida bela, numa vida que tem em si um ritmo belo e bom.

Quando entro num mosteiro, sinto nas formas exteriores, na decoração dos cômodos e da igreja, nas formas de convivência, na forma das refeições comunitárias e no modo como a comunidade celebra a liturgia se ali é praticada uma espiritualidade da beleza e da gratidão ou antes uma espiritualidade da negação ou da sublimação da realidade terrena. Quando estou trabalhando como auxiliar em uma paróquia, sinto pela aparência da sacristia e na forma como está decorado o espaço do altar se ali impera o senso para a beleza ou se a liturgia é apenas um dever que a comunidade cumpre sem alegria nenhuma. Onde a beleza está no centro da espiritualidade, sentimos a alegria que emana dela. É uma postura de alegria e, ao mesmo tempo, de gratidão por todo o belo que Deus nos dedicou na sua criação e que percebemos em tudo o que existe e que representamos no modo de celebrar nossos cultos divinos, de nossos movimentos e do nosso canto.

No entanto, uma espiritualidade da beleza não significa que eu me refugio em um mundo belo e harmônico. Trata-se, muito antes, de perceber a beleza em tudo que existe, no luto, na dor, na mágoa e no fracasso. A espiritualidade da beleza vê o mundo inteiro como ele é. Ela também tem um senso para a beleza assustadora com que nos deparamos durante uma tempestade. Ela identifica até mesmo na quebra e no fracasso alguma beleza.

Fiquei comovido com o filme *Zorba o grego*. Quando o elevador de carga construído penosamente por Zorba espatifou-se no chão, ele comenta que nunca antes havia visto um elevador se espatifar de modo tão espetacular. E em resposta ele dança o sirtaki. Essa atitude torna visível algo da espiritualidade da beleza. Ela não reprime nada, vê a vida como ela é, em toda a sua abismalidade, com sua enfermidade, com a morte, o fracasso e o desespero. Mas em tudo ela vê também grandeza, beleza interior.

A espiritualidade da beleza não se limita a pura estética. Muito antes, ela identifica em tudo o que existe o reflexo da glória de Deus. Ela vê o brilho de Deus até mesmo nos olhos mortiços de um moribundo. Ela reconhece a luz de Deus que resplandece em meio à escuridão. E até mesmo em uma pessoa que, à primeira vista, caracterizaríamos como decadente e desamparada, ela ainda vê uma beleza que poderia transformá-la.

Ver o belo em cada ser humano corresponde à exigência de Bento de Núrsia de ver Cristo em cada ser humano. Até agora eu sempre havia interpretado essa frase de Bento no sentido de que devemos ver o núcleo bom cada qual. Mas depois de me ocupar com o tema da beleza, tentei olhar para as pessoas com novos olhos. Imagino que em cada ser humano há algo belo, um brilho que quer atravessar todas as obscuridades e dissimulações.

Em cursos faço às vezes o exercício de postar os participantes – homens e mulheres – em duas fileiras um de frente para o outro. Cada qual percebe o outro e tenta ver Cristo nele, o núcleo bom, o núcleo divino. Devemos olhar sem avaliar, com um olhar que simplesmente deixa o outro ser o que é. Nos últimos tempos, complemento as instruções para esse exercício, pedindo que os participantes percebam o belo na outra pessoa.

Todo ser humano é belo. Quando percebo o belo que há nele, acontece aquilo a que se referiu Dostoiévski em seu romance *O idiota*: que todos os seres humanos se tornam irmãos e irmãs.

Quando vejo o belo em todo ser humano, cada um deles se torna de alguma maneira simpático. Vejo nele algo que me atrai. Pois o belo sempre é também o atraente e o agradável. Consigo identificar o lado agradável, ou seja, o belo, inclusive nas pessoas que, à primeira vista, dão a impressão de serem desagradáveis e antipáticas. E, quando isso acontece, meu encontro com elas é bem diferente. Ele passa a ser um irmão, ela, uma irmã para mim.

A beleza no íntimo do ser humano – Evágrio Pôntico

No entanto, antes de ver o belo no outro, devo voltar o olhar para dentro de mim mesmo. Identifico alguma coisa dessa espiritualidade da beleza em Evágrio Pôntico e nos místicos da tradição cristã. Evágrio observou as paixões humanas. Há paixões que dominam os seres humanos. A via espiritual passa pela luta contra as paixões. Mas o destino é o espaço interior da quietude que existe no fundo da alma de cada ser humano. Evágrio chama esse espaço da quietude de "lugar de Deus". E ele fala da luz interior. Em meio a todas as paixões há, portanto, em cada ser humano um lugar de beleza interior, um lugar da *claritas*, do esplendor, da glória. Evágrio chama esse lugar interior da beleza no ser humano de

> "contemplação da paz", onde cada qual contempla em si aquela "paz" que é mais sublime do que qualquer entendimento e que protege o nosso coração.
>
> (EVÁGRIO. *Carta 39*.)

O belo sempre é também o que nos eleva, o sublime que nos fascina. E o belo nos comunica uma profunda paz interior. No belo, alcançamos a tranquilidade interior.

No entanto, o caminho até essa beleza interior que se destina a alegrar-nos passa pela verdade acerca de nós mesmos. E essa verdade nem sempre é agradável. Deparamo-nos nela com a abismalidade da nossa alma, a agressividade, os sentimentos de vingança, a depressão, o desespero, a escuridão interior e a maldade. No entanto, espiritualidade não significa lutar contra a escuridão, mas atravessá-la para chegar ao fundo da alma, onde a beleza de Deus resplandece na imagem singular e bem peculiar que Deus fez de nós para si mesmo. A partir dessa imagem única de Deus que cada um de nós é, vale o que Deus disse no sexto dia da criação: é muito bom, é muito belo (Gn 1,31).

Evágrio Pôntico nos convida, portanto, a olhar através de tudo o que há de caótico e escuro para a luz interior, para a claridade e beleza interiores. Dentro de mim também está essa bela imagem de Deus, que às vezes até é obstruída pelos meus lados escuros, mas que resplandece no fundo da minha alma com sua beleza original. Espiritualidade significa percorrer o caminho para dentro de si e perceber com gratidão essa beleza interior com que Deus presenteou também a mim.

Os místicos expressaram por meio de muitas imagens o que Evágrio descreve como o lugar interior de Deus e contemplação da paz. Mestre Eckhart fala da *scintilla animae*, da centelha da alma, Tauler, do fundo da alma, Catarina de Siena, da célula interior e Teresa de Ávila, do aposento mais íntimo da fortaleza da alma. A fortaleza da alma com seus muitos aposentos e o aposento mais íntimo, no qual mora Cristo, é marcado pela beleza. E os místicos falam com insistência da luz interior, do esplendor de Deus, da beleza de Deus que resplandece no fundo da minha alma. Os místicos, sendo pessoas de visão, tinham sensibilidade para a beleza de Deus na natureza, e também em sua alma. Eles falam de luz e iluminação. João da Cruz experimenta Deus em seu coração como labareda de amor que ternamente lhe causa ferimentos. Exatamente João da Cruz possuía uma sensibilidade maravilhosa para a beleza da criação e da alma humana.

Beleza como a pátria do coração – John O'Donohue

A meu ver, o teólogo e escritor irlandês John O'Donohue aprofunda em uma linguagem moderna aquilo que Evágrio tematizou há 1.600 anos. O'Donohue nasceu em 1955 num pequeno povoado na Irlanda, tornou-se sacerdote católico e fez o doutorado em 1990 em Tübingen sobre Hegel. Ele renunciou ao sacerdócio e se tornou um autor que escreveu sobre a espiritualidade celta que confluiu na espiritualidade cristã da Irlanda. Em 2008, ele sofreu morte súbita durante uma viagem de férias na França. O'Donohue fala da beleza que nos visita:

> É como se estivéssemos no exílio e a pátria viesse nos visitar por um momento.
>
> (O'DONOHUE. *Schönheit*, p. 272.)

E ele pensa

> que a beleza é a pátria do coração. Quando consegue demorar-se na beleza, o coração está em casa. O coração humano é a obra-prima do artista originário. Deus o criou em função da eterna afinidade com a beleza.
>
> (O'DONOHUE. *Schönheit*, p. 273s.)

> O autor irlandês cita Tomás de Aquino que reconheceu que a beleza repousa no núcleo da realidade.
>
> (O'DONOHUE. *Schönheit*, p. 277.)

A beleza em nosso coração nos resguarda de que as diferentes necessidades e aspirações do nosso coração nos dilacerem interiormente e dentro de nós

> irrompa um caos atormentador. A presença da beleza desperta o anseio pelo bem, a beleza enche com seu esplendor tudo o que existe.
>
> (O'DONOHUE. *Schönheit*, p. 277.)

Esses pensamentos do escritor irlandês me fascinaram e, ao mesmo tempo, estimularam a aprofundá-los. Nosso coração anseia por um lugar em que se sinta em casa. Até agora eu sempre havia dito: só se pode estar em casa onde mora o mistério. Para mim isso ainda está inteiramente certo. Mas o que é o mistério? Onde me sinto em casa? Sinto-me em casa onde o mistério de Deus corresponde ao mistério da minha própria alma. Mas o mistério de Deus sempre é também um mistério da beleza. Onde vivencio algo belo intuo um pouco da beleza primordial de Deus, do mistério da beleza como um todo. Então me sinto em casa. Sinto-me envolto no mistério da beleza. No entanto, a beleza não está só em Deus, mas também no meu coração. Nosso coração conhece o anseio primordial por beleza.

> Quando tomamos consciência da beleza que Deus é, apodera-se de nós com intensidade a sensação de que chegamos em casa.
>
> (O'DONOHUE. *Schönheit*, p. 280.)

O belo é para O'Donohue um refúgio para a alma. Percebemos o belo primeiramente na natureza. A beleza da natureza nos dá uma sensação de pertencimento. Nossa alma, sabe-se aparentada com a beleza que a rodeia na natureza. Assim, ela se sente acolhida e protegida na beleza e pertencente a ela. No entanto, a beleza da natureza nos coloca em contato com a beleza da nossa própria alma, do nosso próprio coração. Dentro de nós está o lugar da beleza e do pertencimento:

> Quando temos dentro de nós o lugar do pertencimento, estamos centrados e somos livres. Nem mesmo a tempestade mais violenta do sofrimento ou da perturbação poderá nos deixar sem pátria. Mesmo que nos encontremos no redemoinho da inquietação, um lugar dentro de nós nos proporcionará sustentação inabalável.
>
> (O'DONOHUE. *Lanschaft der Seele*, p. 61.)

Por conseguinte, despertar o senso para o belo não é algo puramente estético. Justamente nas turbulências da nossa vida, que procuram nos desestabilizar a partir de fora e a partir de dentro, necessitamos do lugar da beleza em nosso coração, para que encontremos guarida nele e nos sintamos como pertencentes. Então as ameaças exteriores não têm mais tanto poder sobre nós. Não nos sentimos mais oprimidos em meio à pressão que o trabalho exerce sobre nós. Em todas as situações podemos nos refugiar em nosso próprio coração e nele perceber o anseio pelo belo. Blaise Pascal nos deu este sábio conselho:

> Em tempos difíceis, guarde sempre algo belo em seu coração.

Precisamente quando não estamos bem, deveríamos cuidar bem de nós. E um cuidado importante consiste em guardar em nosso coração algo belo, lembrar-nos de coisas belas que vimos, sentir o anseio pelo belo em nós e perceber a beleza da nossa própria alma, que, apesar de toda culpa que acumulou, sempre guarda dentro de si um pouco da beleza original.

Evágrio Pôntico descreve como destino do nosso caminho espiritual a *apátheia*, a liberdade em relação ao ser arrastado de um lado para o outro pelas paixões. Quando não somos mais tangidos pelas paixões, tornamo-nos capazes de estar totalmente presentes no instante. Esse é o pressuposto da oração contemplativa: estou totalmente imerso no instante, rodeado pela presença de Deus. E estou presente no meu interior, no fundo da minha alma. Essa presença, que é o destino da via espiritual, constitui o pressuposto para perceber o belo. Ao mesmo tempo, contudo, essa presença é ocasionada pela beleza. O'Donohue escreve assim:

> No núcleo da espiritualidade está o despertar para a verdadeira presença. Não há como produzir ou forçar essa presença. Quando estamos realmente presentes, estamos aí como somos: imagem e presunção não têm mais nenhuma importância. A presença autêntica acontece de modo bem natural.
>
> (O'DONOHUE. *Schönheit*, p. 282.)

Para o escritor irlandês, a presença acontece quando deixamos Deus nos encontrar no belo.

O'Donohue pensa que Deus dotou cada ser humano com a luminosidade da beleza divina.

> Em todo ser humano oculta-se uma beleza profunda.
>
> (O'DONOHUE. *Anam cara*, p. 121.)

> O belo que percebemos na natureza, na face humana e na arte e que formamos dentro de nós, põe-nos em contato com o belo em nossa alma. E assim nos vivenciamos de modo diferente do que ocorre quando estamos sempre girando em torno da nossa culpa a beleza nos conclama a buscar a elegância plena da alma. Elas nos lembra que somos herdeiros da elegância e da dignidade do Espírito e nos encoraja a tomar consciência do divino em nosso interior.
>
> (O'DONOHUE. *Schönheit*, p. 296.)

Isso nos resguarda de rebaixar e condenar a nós mesmos. No belo que está em nossa alma o próprio Deus está presente em nós; Ele

> impregna nossa alma e transforma toda mediocridade, limitação e dilaceração.
>
> (O'DONOHUE. *Schönheit*, p. 296.)

O pressuposto para perceber o belo à nossa volta e em nós é a atitude contemplativa. Na oração, chegamos ao espaço interior da quietude, onde Deus mora em nós. O caminho até esse espaço interior da quietude e da beleza passa pela nossa "fragilidade, mediocridade e obscuridade". No entanto, nós não permanecemos atolados na nossa fragilidade, nas nossas feridas e mágoas.

> O ser humano contemplativo avançou até o santuário da alma, no qual mora o amor.
>
> (O'DONOHUE. *Schönheit*, p. 302.)

O objetivo da oração contemplativa é chegar ao repouso nesse espaço de amor e beleza. Mas esse repouso não é um bastar a si mesmo. Ao contrário, ele nos concede energia para impregnar este mundo com a bondade de Jesus Cristo, que nos fascina e transforma com sua beleza.

Para o escritor irlandês o belo que guardamos em nosso coração e no qual nosso coração encontra sua pátria é uma muralha que protege contra as preocupações e aflições que teimam em querer se instalar dentro de nós.

> Quando tornamos inoperante o nosso escudo protetor natural não há nada capaz de impedir que essas preocupações nos invadam e se instalem comodamente em diversos cantos e nichos do nosso espírito. E quanto maior for o tempo que as deixarmos morar ali, tanto maior será a dificuldade que teremos para mostrar-lhes a porta da rua.
>
> (O'DONOHUE. *Anam cara*, p. 206.)

Podemos observar na aparência de uma pessoa se ela se deixa dominar pela preocupação e aflição. Quando isso acontece, seu rosto frequentemente se mostra insatisfeito. Não gostamos de olhar para seu rosto. Há algo nele que nos causa repulsa. Contudo, o inverso se dá com uma pessoa que, apesar de todas as preocupações e situações de sofrimento, preservou o belo em seu coração.

> É muito bonito encontrar uma pessoa idosa, cujo rosto enrugado testemunha as provações, preocupações e dificuldades passadas, olhá-la nos olhos e vislumbrar ali uma luz suave. Essa luz é inocente – não devido à inexperiência, mas à fé que confia no que é bom, verdadeiro e belo. Um olhar desses vindo de um rosto idoso é como uma bênção. Quando ele nos toca, sentimo-nos bem e saudáveis.
>
> (O'DONOHUE. *Anam cara*, p. 206.)

A beleza é a pátria do coração porque Deus inspirou em nosso coração a capacidade de reconhecer o belo. E a beleza é nossa pátria interior porque foi o próprio Deus que nos deu uma bela forma. Ele nos presenteou um belo corpo e uma bela alma. Ao reconhecer e admirar a beleza, ao demorar-nos diante de uma bela flor, ao caminhar por uma bela paisagem, ao contemplar uma bela obra de arte, entramos em contato com a beleza da nossa alma. É por isso que nos sentimos em casa quando estamos com o belo. Chegamos a nós mesmos, à nossa própria essência. A contemplação do belo nos transforma, torna-nos belos, como O'Donohue observou nas pessoas idosas que, apesar de todos os incômodos da idade, preservaram para si o senso para o belo.

Assim, também aqui se mostra verdadeira a frase de Dostoiévski: "A beleza salvará o mundo". A beleza cura nossa alma dilacerada. E a beleza que então se irradia de nós possui efeitos curativos sobre as demais pessoas. Depende de nós, decidir-nos insistentemente pelo belo – sem evitar os conflitos e as ameaças presentes em nossa vida, sem negar o mal que também existe no mundo –, tomar tempo para perceber, ouvir, contemplar, degustar e apalpar o belo neste mundo. Desse modo, no belo, Deus mesmo pode nos tocar, esse Deus que, para Plotino, é o belo primordial. A beleza sempre tem alguma coisa a ver com Deus.

Quem reconheceu bem isso foi o dramaturgo francês Jean Anouilh, ao escrever:

> a beleza é uma das raras maravilhas que fazem calar nossas dúvidas a respeito de Deus.
>
> (GESTRICH, p. 47.)

Justamente em nosso tempo, em que muitos sofrem com o distanciamento de Deus, o belo pode se tornar um portal de entrada para Deus, o lugar em que voltam a encontrar o rastro de Deus neste mundo e em seus corações.

13
Sete atitudes de uma espiritualidade da beleza

1ª atitude e prática: contemplar

Para o escritor russo Dostoiévski, a beleza está relacionada com a sexta bem-aventurança de Jesus:

> Bem-aventurados os que têm coração puro, pois verão a Deus.
>
> (Mt 5,8)

Não reconhecerei o belo se olhar os seres humanos, a natureza e a arte com ganância. É preciso ter um olho puro que deixa a natureza ser como é, que deixa os seres humanos serem como são. Nosso olho costuma avaliar tudo o que vemos. Nós avaliamos o ser humano de acordo com algum ideal exterior de beleza. É preciso ter o coração puro que contempla o outro sem querer algo dele, sem encampá-lo, sem avaliá-lo. Ele simplesmente deixa que ele seja como é. Quando faço isso, reconheço nele a beleza. Poderíamos dizer também: são os olhos da fé que veem o belo no ser humano e admiram o belo na natureza.

Quem contempla o outro através das lentes de suas projeções, não reconhecerá o belo nele. Quem percebe a natureza com as lentes do lucro passa longe de sua beleza. Só o que ele vê é o proveito em tudo. Para Dostoiévski, um dos traços essenciais do coração puro é este: renunciar a toda utilidade, de coração puro deixar as coisas serem como são. A espiritualidade da beleza quer nos convidar para a escola da contemplação. Temos de reaprender a olhar sem quaisquer segundas intenções, contemplar e admirar em vez de relacionar tudo com o proveito que podemos tirar. É um contemplar em que esquecemos de nós mesmos. E, esquecendo de nós, somos inteiramente nós mesmos, estamos inteiramente presentes no instante.

2ª atitude e prática: desfrutar

A espiritualidade da beleza é uma espiritualidade do desfrutar. Desfrutar refere-se tanto ao ver quanto ao ouvir quanto ao saborear. A mística das mulheres da Idade Média era uma mística do saborear. As mulheres nos conventos e nas comunidades leigas dos beguinos saborearam e desfrutaram na Eucaristia a doçura de Jesus.

A beleza também quer ser desfrutada. Mas nesse caso o desfrutar passa, antes de tudo, pelo ver e ouvir. Ao saborear, dizemos: o sabor é bom, é delicioso. Ao ver e ouvir, dizemos: a natureza é bela, a música é bela. Mas, no final das contas, o que se quer dizer é a mesma coisa. O que saboreamos, ouvimos e vemos é belo. Isso nos fascina e nos transforma.

Por muito tempo, o desfrutar não era visto com bons olhos no cristianismo. Os Pais da Igreja rejeitaram o filósofo grego Epicuro, que desenvolveu uma filosofia do desfrutar, e frequentemente o ridicularizaram. Na sua busca pela ascese, eles evidentemente reconheceram e combateram nele seus próprios lados sombrios.

Clemente de Alexandria foi o único que viu o desfrute de modo mais positivo. Ele era grego e viu a ascese como exercício da liberdade interior. E dessa ascese também faz parte o exercício do verdadeiro desfrutar. Pois só é capaz de desfrutar quem é igualmente capaz de renunciar. A capacidade de desfrutar depende de que eu fixe um limite, de que eu nada receba em mim sem moderação, mas me detenha no olhar do momento, neste gole de vinho, no tom musical que agora me invade. Às vezes a ascese cristã foi marcada pela negação da vida.

Jesus representa essa espiritualidade do desfrutar. Mas Ele faz em sua vida a dolorosa experiência de que sua espiritualidade não é entendida. As pessoas não aderiram à sua proposta, mas tampouco aderiram à espiritualidade ascética de João Batista. Jesus se queixa nestes termos:

> Veio João Batista que não comia pão nem bebia vinho, e dizeis: "Ele está possuído pelo demônio". Veio o Filho do Homem que come e bebe e dizeis: "Esse aí é comilão e beberrão, esse aí é amigo de publicanos e pecadores!"
>
> (Lc 7,33-35)

Jesus bebe com gratidão o vinho que Deus presenteou aos seres humanos. Desse modo, Ele mostra uma via de conversão aos pecadores e publicanos que se alegram com esses presentes de Deus e os desfrutam: uma via para aceitar essas boas dádivas com gratidão das mãos de Deus. Para Jesus, desfrutar é o caminho que leva a Deus, o caminho que leva para dentro do amor de Deus. A espiritualidade dos fariseus que rejeitaram tanto João quanto Jesus separa-os da vida. A espiritualidade do desfrutar vivida por Jesus torna também a pessoa menos piedosa receptiva para Deus e permite que ela intua o mistério de Deus. A mística entendeu isso ao considerar a *fruitio dei*, o desfrutar Deus, como nossa destinação eterna no céu. Por sua essência, Deus é quem satisfaz nosso anseio pela verdadeira fruição.

3ª atitude e prática: receber com gratidão

A espiritualidade da beleza ressalta, antes de qualquer fazer humano, o ato de receber por parte do ser humano. A beleza está dada antes de existirmos. Ela já está aí antes mesmo que façamos algo. Nossa tarefa é aceitar com gratidão o que Deus nos presenteou na beleza. A beleza deve ser recebida por nós como hóspede que vem ao nosso encontro.

Originalmente o ato de receber não é passivo, mas o receber ativo daquilo que vem ao meu encontro. Em contrapartida, o ato de receber é entendido também como o acolher passivo de uma boa ação feita a nós. E falamos de receber no sentido de engravidar. Todos os três significados dizem algo sobre a espiritualidade da beleza. Recebemos ativamente em nós, acolhemos na casa da nossa alma interior o que vem ao nosso encontro na beleza do ser, na beleza da natureza ou da arte. Recebemos na forma da beleza a boa ação de Deus. Abrimos nossas mãos para poder acolher a beleza. E ao acolher a beleza em nós, ficamos grávidos dela; a beleza transformará nosso corpo e nossa alma. Algo novo cresce dentro de nós. Tornamo-nos fecundos.

Porém, desse sentido triplo do receber faz parte também a gratidão. Na língua alemã, *danken*, agradecer, deriva de *denken*, pensar. Quando pensamos corretamente, quando refletimos adequadamente sobre o mundo, tornamo-nos gratos pela beleza com que nos deparamos em tudo que existe. Diariamente podemos receber coisas belas. Constantemente nossos olhos veem o belo que está oculto em tudo. Ouvimos belas palavras e bela música. Somos gratos por todo o belo que vem ao nosso encontro e nos é presenteado diariamente. A gratidão é uma postura essencial da espiritualidade cristã. O ponto alto dos cultos divinos cristãos é a Eucaristia, a ação de graças pelas belas obras de Deus, pelo agir belo e bom, agradável e salutar de Deus em Jesus Cristo.

4ª atitude e prática: deixar-se curar pela beleza

A percepção do belo é salutar para o ser humano. Por essa razão, a espiritualidade da beleza corresponde ao meu interesse por uma espiritualidade terapêutica. Contemplar o belo é outra maneira de cura, diferente de olhar e elaborar meus problemas. Não omito as mágoas de minha biografia. Eu as percebo bem. Mas, atravessando-as, chego ao fundo da minha alma, onde não encontro só a quietude e o mistério, mas também a beleza da minha alma e a beleza de Deus, que se espelham na luz interior de que fala Evágrio Pôntico.

Para Evágrio, o destino da via espiritual é perceber essa luz interior dentro de si. Trata-se, em última análise, de perceber a beleza interior. E isso é salutar para o ser humano, diz Evágrio. Pois para ele, o ser humano não fica saudável só lidando com suas paixões – esse é, para ele, a via ascética –, mas também por meio da contemplação – que seria contemplar a beleza em torno de nós e dentro de nós.

> O conhecimento contemplativo é o alimento da alma, pois ele é o único capaz de unir-nos com os poderes sagrados.
>
> (EVAGRIUS. *Praktikos*, p. 56.)

Segundo Evágrio, portanto, a contemplação do belo produz a saúde da alma. O belo torna o ser humano saudável. Ou como diz Dostoiévski: "A beleza salvará o mundo, curará o mundo". O diabo e o mal sempre são representados como feios na tradição. Os demônios têm carrancas feias. O que é bom sempre é também belo. E, ao acolher o belo em nós, nossa alma entra em contato com sua beleza interior. E essa beleza sempre é curativa.

Nos últimos anos, a psicologia redescobriu o poder curativo do belo. Dá-se valor a uma bela decoração dos recintos em que acontece terapia. Convida-se os pacientes a escutar bela música. E eles são estimulados a, eles próprios, conferir forma a coisas belas. Ao criarem algo belo com o material que lhes é entregue – uma pedra, uma porção de argila, um pedaço de madeira, uma folha de papel e lápis de cor –, eles transformam coisas duras, grosseiras, caóticas, enfermas que há neles, em algo belo. Isso tem um efeito curativo sobre a parte enferma de sua alma.

Efeito igualmente curativo tem sobre nós, porém, também quando nos voltamos para o belo que vem ao nosso encontro de fora e quando o acolhemos e recebemos abertamente e ficamos, por assim dizer, "grávidos" dele. Para Tomás de Aquino, o belo é o que está organizado e é harmônico. Acolher o belo dentro de si põe ordem na nossa própria alma e a coloca em harmonia consigo mesma. E é nisso que consiste a essência da saúde.

Seguidamente pessoas me contam que aqui e ali elas se permitem desfrutar de algo belo. Elas olham detidamente uma bela cidade, as igrejas, os museus. E elas têm a impressão de que isso faz bem à sua alma. Elas se sentem interiormente revigoradas. A beleza das construções e das imagens irradia algo de curativo.

Um coirmão meu desfruta belos jardins. Quando ele passeia por um jardim belamente disposto, desabrocha algo em sua alma. A alma é purificada e se torna clara. Há quem pense que isso é pura estética, mas quando me abro de toda a alma para a beleza, isso é espiritualidade. Pois então me toca, purifica e cura o próprio Deus como a beleza primordial em tudo o que é belo.

5ª atitude e prática:
descobrir a minha própria beleza

O belo que percebemos na criação e na arte serve de espelho para a minha própria alma. Na beleza que de fora vem ao nosso encontro, reconhecemos também nossa própria beleza. Ficamos fascinados com uma bela estátua de Maria porque descobrimos nela o traço da beleza divina e, ao mesmo tempo, a nossa própria beleza.

Por isso, a beleza tem a ver com fé e esperança. Olho para o mundo com os olhos da fé, para ver em tudo o que é belo o belo primordial, o divino. E dirijo meu olhar de esperança para o belo que de fora vem ao meu encontro. Os olhos da esperança me comunicam a confiança de que o belo também está em mim.

Segundo Paulo, constitutivo da esperança é que esperamos por aquilo que não vemos (Rm 8,25). Muitas vezes não vemos o belo em nós. Nossos olhos estão toldados. Estamos fixados naquilo que nos desagrada em nós. Para Paulo, no entanto, faz parte da essência da nossa experiência de fé que nos gloriemos "de nossa esperança na glória de Deus" (Rm 5,2). A tradução latina relacionou a glória de Deus conosco mesmos. Ela fala da esperança na glória dos filhos e das filhas de Deus: *spes gloriae filiorum Dei*.

O que acontece dentro de mim quando contemplo uma bela estátua de Maria, quando observo a beleza de uma paisagem? Sinto alegria em mim pela beleza que de fora vem ao meu encontro. Mas também me sinto diferente. Meu coração se alarga. Sinto-me bem e sinto-me belo. Só o que está dentro de nós nos fascina. A fascinação do belo remete-me ao belo em mim. É bom quando dirijo o olhar do belo que de fora vem ao meu encontro para dentro e descubro ali todo o belo que tanto me fascina.

Em mim há algo da beleza de Maria, de sua amabilidade (para Anselmo de Canterbury, o belo é *amabilis*, amável), de seus traços harmoniosos e de sua figura bem-proporcionada. Em mim há algo da maravilhosa paisagem que observo. Quando sonho com uma bela paisagem, trata-se sempre de uma imagem da minha própria paisagem psíquica. Em mim está a luz maravilhosa que brilha ao meu encontro no pôr do sol. Fico totalmente absorto na contemplação do pôr do sol, porque nesse momento vivencio a mim mesmo como maravilhoso.

Não preciso contemplar o belo que está dentro de mim. Sinto-me belo quando vejo coisas belas. Sou belo. E desfruto isso contemplando coisas belas.

6ª atitude e prática:
contemplação e união com o belo

Contemplação significa: observação e visão. Os gregos falam de *theoria* e tem em mente a pura visão. Não é uma visão apreciadora ou avaliadora. Nessa visão trata-se, muito antes, de unificar-se com o que se vê. A visão era para os gregos o sentido mais importante. *Theós* (Deus) deriva de *théastai* (ser visto). Ao ver a beleza, vejo o próprio Deus. E, ao unificar-me com Deus na visão, unifico-me também com a beleza de Deus. Não identifico só minha própria beleza. Muito antes, unifico-me com o belo à minha volta.

A mística grega sempre foi uma mística da visão. Ao ver unifico-me com o que vejo. Por isso, a mística grega sempre foi também uma mística da unidade, uma mística da unificação. A unificação acontece, antes de tudo, pelo ver.

A contemplação como visão de Deus tem, para Evágrio Pôntico, dois níveis. O primeiro é a *theoría fysiké*, a contemplação da natureza. Esta vê na criação a essência de todas as coisas, o fundamento divino primordial. Ela identifica na beleza da criação a beleza primordial de Deus. O segundo nível é a contemplação do trino Deus. Nela, o ser humano que se esvaziou de suas paixões e seus próprios pensamentos unifica-se com o Deus que está além de todo e qualquer pensamento.

Quem se unifica com Deus na contemplação não consegue ver Deus como algo específico, mas vê Deus em tudo. E o vê em si mesmo. Pois a contemplação está ligada com a visão da luz interior. Deus reluz, portanto, na alma humana como se esta fosse um espelho. Na hora da oração, diz Evágrio, o ser humano vê sua própria condição [...] em tons de safira ou como um céu e em cores celestes.

(EVAGRIUS. *Brief*, 39.)

A contemplação como unificação com Deus significa para a mística grega: unificação com a luz e tornar-me luz eu mesmo, unificação com o belo e tornar-me belo eu mesmo e unificação com o amor e tornar-me amor eu mesmo.

7ª atitude e prática: embelezar o mundo e a vida

Ainda outro aspecto me ocorreu ao ocupar-me com o belo. Não se trata só de perceber o belo, mas também de criar coisas belas. Deus nos deu participação em sua força criativa. Assim, é nossa tarefa conferir belas formas a este mundo e embelezar nossa própria vida. Também podemos tornar mais bela a vida de outras pessoas, dotando recintos de bela decoração, celebrando belas festas, pintando um belo quadro, tocando uma bela música. É nossa responsabilidade moldar este mundo de acordo com a ideia de Deus e não encobrir, mas evidenciar com nossa ação a beleza que Deus pôs no mundo.

Uma educadora me contou que, na infância, sempre brincara com bonecas. Ela considerava importante que as bonecas estivessem bem-vestidas. O sonho de sua vida era comunicar beleza, criar belas coisas e embelezar as coisas. Ela decorou lindamente o recinto em que as crianças se reuniam pela manhã. Ela organizou bem o grupo e fez com que as crianças vivenciassem coisas bonitas. Ela cantou belas canções com elas, fez belos trabalhos manuais. Com essa professora as crianças da escolinha ficavam muito mais tranquilas do que com outras que constantemente xingavam e pediam para que as crianças finalmente as deixassem em paz. Quando as crianças se deixavam tocar pelo belo e ganhavam vontade de moldar belas coisas, elas entravam em contato com a beleza que estava em seus corações. Elas chegavam a si mesmas. Elas chegavam em casa.

Assim, para mim, espiritualidade também consiste em criar coisas belas. Para mim também é importante escrever sobre o belo numa bela linguagem. Outras pessoas conferem belas formas à sua casa ou ao seu jardim. Outras diariamente põem a mesa belamente e, assim, desfrutam a beleza da refeição. Ou elas deixam tudo bonito para os convidados e, dessa maneira, fazem com que se sintam em casa. Criar e moldar coisas belas à sua volta não é uma questão de estética, mas de espiritualidade. Em última análise trata-se de uma atividade sacerdotal que nós, como sacerdotes e sacerdotisas, não só guardemos o sagrado e belo, mas também o representemos, que tornemos este mundo mais belo, espalhando beleza onde estivermos.

Um sacerdote que entulha a sua moradia a tal ponto que mal consegue subir as escadas tampouco celebrará uma bela liturgia. Ele não terá sensibilidade nenhuma para o fato de que o conselho paroquial está reunido em um recinto belamente organizado e decorado. Quando a secretária deixa o escritório do chefe bem apresentável e bonito, isso também é uma ação espiritual. Ela cria uma bela atmosfera e dá uma contribuição importante para um bom trabalho.

Nossa dignidade como seres humanos consiste em participar do poder criador de Deus. Assim, a espiritualidade também consiste em voltar-nos gratos para o que há de criativo dentro de nós. Há em nós uma fonte criadora, há em nós uma fonte do belo. Nossa tarefa é deixar jorrar essa fonte do belo e do criativo que há em nós como bênção para nós mesmos e para as demais pessoas, para que, através de nós, surjam coisas belas que sejam salutares para elas. E, assim, nós mesmos podemos contribuir para que a "beleza salve o mundo".

Pensamentos finais

Ao escrever este livro, tomei como ponto de partida a seguinte noção do escritor russo Dostoiévski: "A beleza salvará o mundo". No processo da escrita, fui encontrando um número cada vez maior de livros em nossa biblioteca que tratam do mistério do belo. A leitura e a reflexão sobre os pensamentos que ali encontrei transformaram-me e transformaram minha espiritualidade.

Minha espiritualidade sempre foi de cunho terapêutico. Sempre me perguntei como podemos concretizar hoje a missão de cura que Jesus deu aos seus discípulos, ou seja, como podemos expulsar demônios, como libertar as pessoas de espíritos sombrios, de falsas imagens de si mesmas e de falsas imagens de Deus, de ilusões a respeito de si mesmas e de sua vida e como podemos experimentar hoje a força curativa de Jesus. Nesse afazer, a liturgia sempre já havia sido um lugar importante de encontro com as palavras curativas e com a mão curativa de Jesus. Fui influenciado nisso pela tradição espiritual da ascese e mística cristãs – começando com os monges da Antiguidade, passando pelos Pais da Igreja e chegando até os místicos Mestre Eckhart e Teresa de Ávila.

O fato de ocupar-me com o belo não invalidou essa espiritualidade, mas revelou-me novos aspectos da espiritualidade cristã que até agora não havia percebido de maneira tão consciente. Redescobri para mim o poder curativo do belo.

Assim, confio e espero que os leitores e as leitoras se deixem estimular pelos pensamentos contidos neste livro – que de fato retoma a rica tradição cristã – a desenvolver um novo sentido para o belo na natureza, na arte e na liturgia e a descobrir o belo em seu próprio coração, que encontre na beleza a sua pátria. Que a leitura a respeito do belo seja salutar para os leitores e as leitoras, que acalme suas turbulências interiores e ponha ordem no caos presente no seu coração e, desse modo, proporcione a efetivação da beleza no seu coração. Desejo a todas as leitoras e a todos os leitores que fiquem dispostos a tornar mais bela a sua vida e a dos outros, a permitir-se a beleza e fazer com que este mundo se torne mais belo.

Nosso ser sempre é, ao mesmo tempo, verdadeiro, bom e belo. Seguidamente escrevi sobre a verdade e a bondade do ser, sobre o Deus que me conduz à verdade, sobre o bom Deus que nos cura com o seu amor e cujo amor apareceu em Jesus Cristo. Neste livro, tratei do terceiro modo do ser: o ser sempre é também belo. Deus é a beleza primordial que nos fascina. Essa beleza primordial reluz em toda a beleza que percebemos neste mundo. E ela reluz também em nossa bela alma.

Desejo-lhes, pois, que se deixem fascinar pelo belo – pela bela música, pela bela paisagem, pelas belas artes, pela bela liturgia e pela bela linguagem – e assim consigam se aprofundar cada vez mais no mistério da beleza divina e no mistério da bela alma.

Fontes e dicas de leitura

BALTHASAR, H. *Herrlichkeit* – Eine Theologische Ästhetik. Vol. III, 1. Einsiedeln, 1965.

_____. *Herrlichkeit* – Eine Theologische Ästhetik. Vol. II. Einsiedeln, 1962.

BERTRAM, G. *"kalos in christologischen Aussagen der alten Kirche"*. *Theologisches Wörterbuch zum Neuen Testament*, p. 553-558.

BETZ, O. *Schönheit spricht zu allen Herzen* – Das Simone-Weil-Lesebuch. Munique, 2009.

BOHREN, R. *Dass Gott schön werde* – Praktische Theologie als theologische Ästhetik. Munique, 1975.

DEBUSSY, C. *Monsieur Croche* – Sämtliche Schriften und Interviews. Stuttgart, 1982 [Ed. de Francis Lesure; trad. de Josef Häusler].

DOSTOJEWSKI, F.M. *Der Idiot*. Vol. II. Hamburgo, 1958.

ECO, U. (ed.). *Die Geschichte der Schönheit*. Munique, 2004.

GADAMER, H.-G. *Die Aktualität des Schönen* – Kunst als Spiel, Symbol und Fest. Stuttgart, 1979.

GESTRICH, R. *Schönheit Gottes* – Anstösse zu einer neuen Wahrnehmung. Berlim, 2007.

GRÜN, A. *Wenn du Gott erfahren willst, öffne deine Sinne*. 5. ed. Münsterschwarzach, 2013.

_____. *Auf der Suche nach dem inneren Gold*. Münsterschwarzach, 2011.

_____. *Höre, so wird deine Seele leben* – Die spirituelle Kraft der Musik. Münsterschwarzach, 2008 [com CD].

GRUNDMANN, W. "kalos". *Theologisches Wörterbuch zum Neuen Testament*, p. 539-553.

GUARDINI, R. *Liturgie und liturgische Bildung*. Mainz, 1992.

_____. *Religiöse Gestalten in Dostojewskis Werk*. Mainz, 1989.

HAECKER, T. *Schönheit – Ein Versuch*. Leipzig, 1940.

HALIK, T. *Nachtgedanken eines Beichtvaters* – Glaube in Zeiten der Ungewissheit. Friburgo: Breisgau, 2012.

HANDKE, P. *Aber ich lebe nur in den Zwischenräumen* – Ein Gespräch geführt von Herbert Gamper. Zurique, 1987.

_____. *Die Lehre der Sainte-Victoire*. Frankfurt a. Main, 1980.

HÖLLER, H. *Peter Handke*. Hamburgo, 2007.

KANDEL, E. *Das Zeitalter der Erkenntnis* – Die Erforschung des Unbewussten in Kunst, Geist und Gehirn von der Wiener Moderne bis heute. Munique, 2012.

LÖHR, Ä. *Abend und Morgen ein Tag*. Regensburgo, 1955.

MANN, U. "Vom Überschuss des Seins im Schönen". *Die Schönheit der Dinge*. Frankfurt a. Main, 1986, p. 1-48.

MARTINI, C.M. *Welche Schönheit rettet die Welt?* – Reflexionen über den dreifaltigen Gott. Munique, 2000.

MAURINA, Z. *Dostojewski* – Menschengestalter und Gottsucher. Memmingen, 1952.

MITSCHERLICH, A. *Die Unwirtlichkeit unserer Städte* – Anstiftung zum Unfrieden. Frankfurt a. Main, 1965.

MÖLLER, C. "Die Predigt der Steine". In: SEIM, J. & STEIGER, L. (ed.). *Lobet Gott, Beiträge zur theologischen Ästhetik*. Munique, 1990, p. 171-178.

O'DONOHUE, J. *Schönheit* – Das Buch vom Reichtum des Lebens. Munique, 2004.

_____. *Landschaft der Seele*. Munique, 2000.

_____. *Anam Cara* – Das Buch der keltischen Weisheit. Munique, 1997.

ORIGENES & GROSSE, G. *Das Hohelied*. Einsiedeln, 1987 [Intr. e trad. de Karl Suso Frank].

PONTICUS, E. *Briefe aus der Wüste*. 2. ed. Beuron, 2013 [Intr., trad. e comentários de Gabriel Bunge] [Weisungen der Väter, vol. 18].

_____. *Praktikos* – Über das Gebet. Münsterschwarzach, 1986 [Intr. e trad. de John Eudes Bamberger; trad. do inglês de Guido Joos] [Schriften zur Kontemplation, vol. 2].

RATZINGER, J. [BENTO XVI]. *Gesammelte Schriften*. 16 vol. Friburgo/Breisgau, 2011.

_____. *Das Fest des Glaubens*. 3. ed. Einsiedeln, 1993.

SÖLLE, D. *Mystik und Widerstand*. Hamburgo, 1997.

STIER, F. *Wenn aber Gott ist... Persönliche Erinnerungen und biblische Reflexionen*. Kevelaer, 2006 [Ed. de Eleonore Beck e Gabriele Miller].

WALTER, M. (ed.). *Ein Hauch der Gottheit ist Musik* – Gedanken grosser Musiker. Düsseldorf, 1999.

WEIL, S. *Das Unglück und die Gottesliebe*. Munique, 1953.

ZEINDLER, M. *Gott und das Schöne* – Studien zur Theologie der Schönheit. Göttingen, 1993.

ZSOK, O. *Musik und Transzendenz*. St. Ottilien, 1998.

CULTURAL

Administração
Antropologia
Biografias
Comunicação
Dinâmicas e Jogos
Ecologia e Meio Ambiente
Educação e Pedagogia
Filosofia
História
Letras e Literatura
Obras de referência
Política
Psicologia
Saúde e Nutrição
Serviço Social e Trabalho
Sociologia

CATEQUÉTICO PASTORAL

Catequese
Geral
Crisma
Primeira Eucaristia

Pastoral
Geral
Sacramental
Familiar
Social
Ensino Religioso Escolar

TEOLÓGICO ESPIRITUAL

Biografias
Devocionários
Espiritualidade e Mística
Espiritualidade Mariana
Franciscanismo
Autoconhecimento
Liturgia
Obras de referência
Sagrada Escritura e Livros Apócrifos

Teologia
Bíblica
Histórica
Prática
Sistemática

VOZES NOBILIS

Uma linha editorial especial, com importantes autores, alto valor agregado e qualidade superior.

REVISTAS

Concilium
Estudos Bíblicos
Grande Sinal
REB (Revista Eclesiástica Brasileira)
SEDOC (Serviço de Documentação)

VOZES DE BOLSO

Obras clássicas de Ciências Humanas em formato de bolso.

PRODUTOS SAZONAIS

Folhinha do Sagrado Coração de Jesus
Calendário de mesa do Sagrado Coração de Jesus
Agenda do Sagrado Coração de Jesus
Almanaque Santo Antônio
Agendinha
Diário Vozes
Meditações para o dia a dia
Encontro diário com Deus
Guia Litúrgico

CADASTRE-SE
www.vozes.com.br

EDITORA VOZES LTDA.
Rua Frei Luís, 100 – Centro – Cep 25689-900 – Petrópolis, RJ
Tel.: (24) 2233-9000 – Fax: (24) 2231-4676 – E-mail: vendas@vozes.com.br

UNIDADES NO BRASIL: Belo Horizonte, MG – Brasília, DF – Campinas, SP – Cuiabá, MT
Curitiba, PR – Florianópolis, SC – Fortaleza, CE – Goiânia, GO – Juiz de Fora, MG
Manaus, AM – Petrópolis, RJ – Porto Alegre, RS – Recife, PE – Rio de Janeiro, RJ
Salvador, BA – São Paulo, SP